高职高专"十二五"规划教材

主　编■陈海雯　副主编■李　洁　罗文渊

出纳实务

Cashier

中山大学出版社
SUN YAT-SEN UNIVERSITY PRESS

·广州·

图书在版编目（CIP）数据

出纳实务/陈海雯主编. —广州：中山大学出版社，2015.3
ISBN 978 – 7 – 306 – 05198 – 1

Ⅰ. ①出⋯　Ⅱ. ①陈⋯　Ⅲ. ①现金出纳管理　Ⅳ. ①F23

中国版本图书馆 CIP 数据核字（2015）第 036802 号

出 版 人：徐　劲

策划编辑：李　文

责任编辑：李　文

封面设计：曾　斌

责任校对：曹丽云

责任技编：黄少伟

出版发行：中山大学出版社

电　　话：编辑部 020 – 84113349，84110779
　　　　　　发行部 020 – 84111998，84111981，84111160

地　　址：广州市新港西路 135 号

邮　　编：510275　　　　传　真：020 – 84036565

网　　址：http://www.zsup.com.cn　　E-mail：zdcbs@ mail. sysu. edu. cn

印 刷 者：佛山市浩文彩色印刷有限公司

规　　格：787mm×1092mm　1/16　9.75 印张　250 千字

版次印次：2015 年 3 月第 1 版　　2015 年 3 月第 1 次印刷

定　　价：30.00 元

前　言

在市场经济条件下，货币资金渗透于社会经济生活的各个领域，任何单位的经济活动都是以货币为交换手段来实现的，都必须通过出纳进行现金和银行存款的收支活动来完成。出纳是财务工作的起点，担负着会计核算的基础工作，是企业财务工作的重要组成部分。

本书以培养学生出纳岗位的岗位能力为核心，详细介绍了出纳基础技能、现金业务、银行结算以及相关凭证和账簿的处理等内容。本书以工作过程为导向，按照实际工作需要开展项目教学。每个项目分解为若干任务，通过学习和训练，学生能够胜任出纳岗位的工作。与此同时，本书也可作为社会培训课程，帮助社会在职人员快速掌握和提升专业知识、操作能力，从而迅速具备上岗的能力。

本书由导论和4个模块、13个项目、37个任务组成。全书由广东轻工职业技术学院陈海雯副教授主编。其中，导论和模块二由广东轻工职业技术学院罗文渊老师编写，模块一由广东轻工职业技术学院陈海雯老师编写，模块三和模块四由广东轻工职业技术学院李洁老师编写。

在本书的编写过程中，得到了中山大学出版社的大力支持和帮助，同时引用了许多作者的教学案例和学术成果，在此一并表示衷心感谢！由于编者水平有限，书中难免会有错漏和不足，恳请广大专家和读者批评指正。

编者
2015 年 1 月

目　　录

导论 出纳的基本素质及岗位职责

【学习目标】

1. 理解出纳的基本素质；
2. 理解出纳工作的原则；
3. 熟练掌握出纳的岗位职责和岗位要求。

【案例导入】

前几年，公司因业务发展需要，从人才市场招聘了具有中专学历的张年任出纳（陈艳之前的一任出纳）。开始，他勤恳敬业，公司领导和同事对他的工作都很满意。但受到同事在股市赚钱的影响，张年也开始涉足股市。然而事与愿违，进入股市后很快被套牢，急于翻本又苦于没有资金，他开始对自己每天经手的公司现金动了邪念。凭着财务主管对他的信任，他拿了财务主管的财务专用章在自己保管的空白现金支票上任意盖章取款，月底银行对账单也是其到银行提取且自行核对，因此在很长一段时间未被发现。至案发，公司蒙受了巨大的经济损失。

一、出纳的基本素质

1. 出纳人员应具备的基本条件

由于出纳职业的特殊性，出纳人员天天与金钱打交道，所以必须具有良好的职业道德和较高的政策水平，才能适应复杂的社会经济环境，抵制金钱的诱惑；具有出纳工作的基本知识和基本技能，才能胜任烦琐而细致的出纳工作。

（1）具有出纳职业道德。①爱岗敬业。出纳人员要热爱本职工作，安心于出纳岗位，并为做好出纳工作尽心尽力、尽职尽责，将身心与本职工作融为一体。②诚实守信，不弄虚作假，不为利益与金钱所诱惑，保守本单位的商业秘密。③廉洁自律，公私分明，不贪不占，遵纪守法，忠于职守。④客观公正，依法办事，实事求是，不偏不倚。⑤有良好的职业品质，严谨的工作作风，严守工作纪律，努力提高工作效率和工作质量。⑥提高出纳技能，努力钻研出纳业务，不断提高理论水平和业务能力，使自己的知识和技能适应出纳工作的要求。

（2）具有出纳工作的基本资格——取得会计从业资格证书。出纳人员是会计人员的重要组成部分，它应该具备会计人员的上岗资格。根据我国《会计法》的要求，会计人员上岗实行会计从业资格证书管理制度。出纳员和所有的会计人员一样必须持有财政部门颁发的会计从业资格证书，未取得会计从业资格证书的人员不得从事出纳工作。任何单位和个人不得聘用无会计从业资格证书的人员从事出纳工作。不得伪造、转借会计从业资格证书。出纳人员须在经省级财政部门批准的培训点培训，并参加省级财政部门组织的统一会计从业资格考试，合格后，由省级财政部门发给会计从业资格证书。

（3）具有出纳工作的基本业务素质，掌握一定的会计出纳基本知识和业务技能。出纳工作是一项政策性和技术性并重的工作，出纳人员必须具备一定程度的专业知识和基本技能，才能适应其出纳工作。

（4）不能担任出纳工作的人员。按照《会计基础工作规范》的要求，会计机构负责人、会计主管人员的直系亲属不得在本单位会计机构中担任出纳工作。

2. 出纳工作的原则

出纳工作的原则是出纳人员开展工作必须遵循的一般规范。主要原则有以下五个：

（1）依法办事原则。出纳工作是一项政策性很强的工作，各单位一切现金和银行存款及外汇的收付、结存，都必须以国家的法律、法规和制度为依据，绝不允许感情用事或以权谋私、以钱谋私。

（2）真实性原则。真实性是指出纳在处理货币资金的收、付、存业务中，必须以企事业单位的客观事实为依据，有真凭实据，出纳核算的结果同企事业单位实际的现金和银行存款等财产、物资相符。

（3）钱账分管原则。钱账分管就是指管账（总账）的会计人员不得同时兼管出纳工作；而管钱的出纳人员不得兼管收入、费用、债权债务账簿和会计档案工作。做到钱账分管、责任明确，防患于未然。

（4）服务与监督统一原则。出纳工作的宗旨是为本单位的经济活动服务，管好单位的货币资产；同时，在服务的基础上，利用出纳特殊的手段对本单位的经济活动进行严格监督，以维护财经纪律。没有服务就不可能有监督，没有监督也就谈不上更好的服务。因此，出纳工作应注意服务与监督并重，坚持两者有机统一的原则。

（5）实行岗位责任制原则。出纳工作涉及现金、银行存款等货币资产的收入、支出与保管。而这些工作与整个单位的经济效益、职工的个人利益有极大关系，也容易出现差错。一旦出现差错，将造成不可挽回的损失。所以，各单位应该建立出纳人员工作岗位责任制，明确出纳人员的行政责任、经济责任和法律责任，保证出纳工作正常进行，保护单位的货币财产安全。

二、出纳的岗位职责

出纳的岗位职责（如图0-1所示）可以归纳成四个能力要点：基础技能、现金业务、银行业务、其他业务。

1. 基础技能

基础技能就是出纳在工作中必须掌握的技能，如钞票点验、票据使用与保管、保险柜使用等，这是出纳在工作中必须掌握的，是现金业务和银行结算业务等工作的基础。

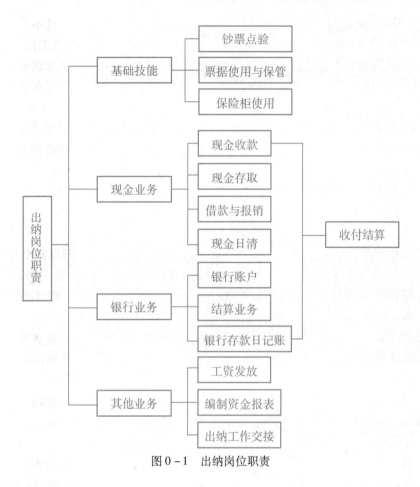

图 0-1　出纳岗位职责

2. 现金业务

现金业务包括现金收款、现金存取、借款与报销、现金日清等业务。

3. 银行业务

银行业务包括银行账户、结算业务和银行存款日记账。

4. 其他业务

其他业务主要包括工资发放、编制资金报表、出纳工作交接等。

上述的现金业务、银行业务又可以归纳为收付业务，是出纳日常工作中经常办理的业务。

【案例分析】

从张年任出纳的案例中可以看出，出纳人员天天接触现金，要防止在经济上出问题。首先，出纳人员要注重职业道德的培养，常打预防针；其次，企业要加强对货币资金的管理，从管理上减少出问题的可能性；第三，企业要建立有效的内部牵制制度，从制度上制约出纳人员的行为。

【知识链接】

出纳员三字经

　　出纳员，很关键；静头脑，清杂念。业务忙，莫慌乱；情绪好，态度谦。取现金，当面点；高警惕，出安全。收现金，点两遍；辨真假，免赔款。支现金，先审单；内容全，要会签。收单据，要规范；不合规，担风险。账外账，甭保管；违法纪，又罚款。长短款，不用乱；平下心，细查点。借贷方，要分清；清单据，查现款。月凭证，要规整；张数明，金额清。库现金，勤查点；不压库，不挪欠。现金账，要记全；账款符，心坦然。

模块一　　出纳基础技能

【学习目标】

1. 熟练掌握点钞、验钞技能；
2. 熟练掌握金额与票据日期书写规范；
3. 熟练掌握票据的使用和管理；
4. 正确使用保险柜。

项目一　钞票点验

任务 1-1　验钞技能

【案例导入】

> 陈艳作为出纳，经常接触现金收付业务，最担心收到假币。目前，我国货币使用第五套人民币，包含 100 元、50 元、20 元、10 元、5 元、1 元、5 角、1 角等面额的纸币和 1 元、5 角、1 角币值的硬币。你能否帮助陈艳快速掌握真假钞的识别方法呢？一旦收到假钞，又该如何处理呢？

验钞是出纳最重要的基础技能之一，对于收到的每一张纸币和每一枚硬币，出纳都要认真进行检验。因此，出纳除了要申请购买验钞机外，还必须熟练掌握验钞的本领。对于人民币纸币，通常使用"一看、二摸、三听、四测"的方法；而对于人民币硬币，则通常采用称重量、看材质、摸凹凸、听声音等方法。

一、人民币纸币的检验

1. 看

看的内容主要包括颜色、荧光油墨、水印、安全线等内容。

（1）看纸张颜色。造钞用的纸张一般采用棉、木、麻等天然的原材料制作，不使用增白剂，无荧光反应。而民用纸张大多用了荧光增白剂，所以有荧光反应。因此，可以通过辨认纸张颜色来识别真假钞，假币的颜色会呈现出过于鲜艳或过于暗淡。

（2）看水印。第五套人民币的纸币固定水印位于票面正面左侧的空白处，迎光透视，可以看到立体感很强的水印，其中 100 元和 50 元纸币水印为毛泽东头像图案，20 元、10 元和 5 元纸币水印为花卉图案（如图 1-1 至图 1-6 所示）。另外，纸币钞票编

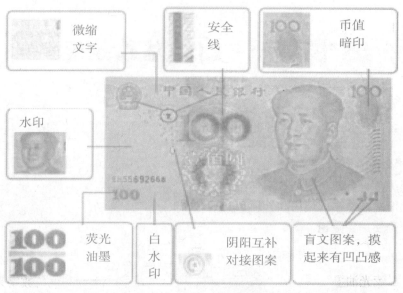

图1-1　人民币整体识别标识

图1-2　人民币50元、100元头像水印

图1-3　人民币20元花卉水印

图1-4　人民币10元花卉水印

图1-5　人民币5元花卉水印

号的右下方有币值的水印。假币的水印一般都是用无色油墨印刷在表面的，边缘清晰。

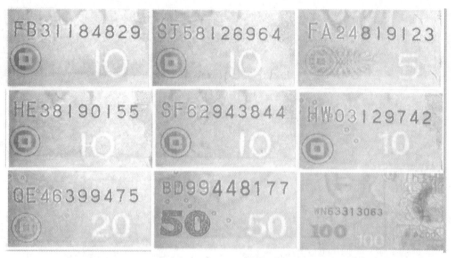

图1-6　人民币币值白水印

（3）看荧光油墨。第五套人民币100元和50元纸币左下方的币值数字采用荧光油墨印刷，将票面从垂直倾斜到一定角度时，100元的数字会由绿色变为蓝色，50元的数字会由金色变为绿色（如图1-7所示）。

图1-7　人民币50元、100元荧光油墨印刷

（4）看微缩文字。第五套人民币正面左上方的国徽右边，隐藏着微缩文字，由细小的 RMB 和 RMB100 等数字组成，用 5 倍以上放大镜观察，可见如图 1-8 至图 1-12 所示图案。

图 1-8　人民币 100 元微缩文字

图 1-9　人民币 50 元微缩文字

图 1-10　人民币 20 元微缩文字

图 1-11　人民币 10 元微缩文字

图 1-12　人民币 5 元微缩文字

（5）看对接图案。100 元、50 元、20 元和 10 元的人民币纸币应用阴阳互补、正反面对应图案，在纸币正面左下方与背面的右下方都印有一个像电话形状的图案，迎光透视，两幅图案准确、完整对接，组成一个完整的类似铜钱的图案（如图 1-13 所示）。假币则图案无法对齐或对接处有明显空白。

图 1 - 13　人民币阴阳互补铜钱图案

（6）看暗印。在钞票正面的右上角，币值数字下方的椭圆形图案里，将票面置于与眼睛接近平行的位置，对着光照，旋转 45°或 90°，可以看到相应币值的模印（如图 1 - 14 所示）。

图 1 - 14　人民币暗印

（7）看安全线。在各券别票面正面中间偏左，均有一条安全线。100 元、50 元纸币的安全线，迎光透视，分别可以看到缩微文字"RMB100"、"RMB50"微小文字，仪器检测均有磁性；20 元纸币，迎光透视，是一条明暗相间的安全线；10 元、5 元纸币安全线为全息磁性开窗式安全线，即安全线局部埋入纸张中，局部裸露在纸面上，开窗部分分别可以看到由缩微字符"￥10"、"￥5"组成的全息图案，仪器检测有磁性（如图 1 - 15 所示）。

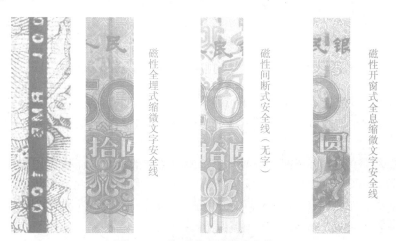

图 1 - 15　各币种人民币安全线

（8）看冠字号码。第五套人民币各券别冠字号码均采用两位冠字，八位号码。第五套人民币 1999 年版 100 元、50 元纸币均为横竖双号码，横号均为黑色，竖号分别为蓝色和红色；20 元、10 元、5 元为双色横号码（左半部分为红色，右半部分为黑色）。第五套人民币 2005 年版 100 元、50 元纸币调整为双色异形横号码（左侧为暗红色，右侧为黑色），其字符变化特点是由中间向左右两边逐渐变小（如图 1－16 所示）。

图 1－16　人民币冠字号码

2. 摸

（1）摸凹凸感。第五套人民币中国人民银行行名、面额数字、盲文面额标记、凹印手感线等均采用雕刻凹版印刷，用手指触摸有明显凹凸感。纸币正面主景、毛泽东头像，均采用手工雕刻凹版印刷工艺，形象逼真、传神，凹凸感强（如图 1－17 所示）。

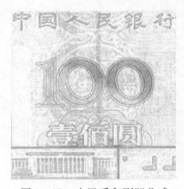

图 1－17　人民币印刷凹凸感

（2）摸纸币纸质。印钞纸采用的原料以长纤维的棉、麻为主，纸质坚韧、光洁、挺括、耐折、不起毛。摸纸币时判断其纸质厚薄是否适中，质地是否密实。

3. 听

抖动或轻拉、轻弹纸币时，能听到真币发出清脆的响声，而假币发出的声音一般比较沉闷。

4. 测

可通过放大镜、紫外线灯、验钞机等工具测验钞票的真假。紫外线灯可测验钞票纸质的荧光反应，放大镜看安全线上的微缩文字，磁性检测仪可检测安全线的磁性，验钞机则可全面检验钞票的真伪（如图 1 – 18 所示）。

图 1 – 18 仪器检测

二、人民币硬币的检验

①第五套人民币 1 元硬币。该硬币色泽为镍白色，直径为 25 毫米。正面为"中国人民银行"、"1 元"和汉语拼音字母"YIYUAN"及年号。背面为菊花图案及中国人民银行的汉语拼音字母"ZHONGGUO RENMIN YINHANG"。材质为钢芯镀镍，币外缘为圆柱面，并印有"RMB"字符标记。②第五套人民币 5 角硬币。该硬币色泽为金黄色，直径 20.5 毫米。正面为"中国人民银行"字样、面额和汉语拼音字母"WUJIAO"及年号。背面为荷花图案及中国人民银行的汉语拼音字母"ZHONGGUO RENMIN YIN-HANG"。材质为钢芯镀铜合金，币外缘为圆柱面，币外缘为间断丝齿，共有 6 个丝齿段，每个丝齿段有 8 个齿距相等的丝齿。③第五套人民币 1 角硬币。该硬币色泽为铝白色，直径为 19 毫米。正面为"中国人民银行"、"1 角"和汉语拼音字母"YIJIAO"及年号。背面为兰花图案及中国人民银行的汉语拼音字母"ZHONGGUORENMIN YIN-HANG"。材质为铝合金，币外缘为圆柱面（如图 1 – 19 所示）。

图 1 – 19 人民币硬币样式

对人民币硬币的检验，可采用称重量、看材质、摸凹凸、听声音等方法进行。

1. 称重量

假硬币比真硬币薄而轻，有的假硬币比真硬币薄约1/4。

2. 看材质

真硬币的外形都很规整，币的边部光滑平整，图案花纹和文字清晰、细腻、挺拔、层次丰富、立体感强，有柔和的金属光泽。而假硬币往往不怎么规整，厚度不均匀，特别是币的边部有些有毛刺或者起线不圆滑；有些有锉刀直条纹路，图纹模糊，细条纹分辨不清，金属色泽发白发闷；有的虽然也有光泽，但其光泽发散；有的像翻砂出来的，币面有砂眼，用放大镜观察就一目了然。

3. 摸凹凸

真硬币摸上去凹凸感特别强，如果硬币的边缘过于光滑则为假币。

4. 听声音

摔在地上，假币发出的声音很闷，没有真币那么脆。

【案例分析】

通过学习上述辨别现行流通的第五套人民币真伪的方法，陈艳一定能掌握相应的技能，减少收到假币的可能性。

【知识链接】

发现假币的处理方法

1. 公民发现假币应如何处理？

（1）误收假币，不应再使用，应上缴当地银行或公安机关；

（2）看到别人大量持有假币，应劝其上缴，或向公安机关报告；

（3）发现有人制造、买卖假币，应掌握证据，向公安机关报告。

2. 银行收缴假币应如何操作？

根据《中华人民共和国人民币管理条例》，应由两名以上柜员当面予以收缴，在假币上加盖"假币"印章，向持有人出具由中国人民银行统一印制的收缴凭证，并告知持有人可向中国人民银行或由中国人民银行授权的国有独资商业银行申请鉴定。

3. 谁有权没收、收缴假币？

根据《中华人民共和国人民币管理条例》，公安机关和中国人民银行有权没收假币，办理人民币业务的金融机构可以收缴假币。除以上单位，其他任何单位和个人，均无权没收和收缴假币。

4. 哪些金融机构可以鉴定货币真伪？

根据《中华人民共和国人民币管理条例》，中国人民银行以及由中国人民银行授权的工商银行、农业银行、中国银行、建设银行可以进行货币真伪鉴定。

5. 对银行收缴假币有异议怎么办？

根据《中华人民共和国人民币管理条例》，持有人可以与收缴单位商定，到共同确定的由中国人民银行授权的工商银行、农业银行、中国银行、建设银行进行货币真伪鉴定，并由收缴单位将收缴币通过内部渠道传达到这家银行机构。经鉴定是假币的，由鉴定机构予以没收；经鉴定是真币的，由鉴定单位予以兑换，并将真币返还持币人。

任务1-2　残损人民币处理

【案例导入】

出纳陈艳通过学习，基本没有收到过假钞了。但有一天在收取货款时，从一叠百元纸币中发现有一张缺了一个角。经检验这张纸币为真币，但该不该收这张钱币，陈艳还是很犹豫。

残损人民币是残缺人民币和污损人民币的统称。残缺人民币是指票面撕裂或者票面明显缺失了一部分的人民币；污损人民币是指因自然或人为磨损、侵蚀，造成外观、质地受损，颜色变暗，图案不清晰，防伪功能下降，不宜再继续流通使用的人民币（如图

图1-20　残损人民币

1-20所示）。

一、不宜流通人民币标准

（1）纸币票面缺少面积在20mm^{2}以上的。

（2）纸币票面裂口两处以上，长度每处超过5mm的；裂口1处，长度超过10mm的。

（3）纸币票面的纸质较绵软，起皱较明显，脱色、变色、变形，不能保持其票面防伪功能等情形之一的。

（4）纸币票面污渍、涂写字迹面积超过2cm^{2}的；不超过2cm^2，但遮盖了防伪特征之一的。

（5）硬币有穿孔，裂口，变形，磨损，氧化，文字、面额数字、图案模糊不清等情形之一。

二、残损人民币兑换办法

（1）全额兑换。能辨别面额，票面剩余3/4以上（含3/4），其图案、文字能按原样连接的残缺、污损人民币（如图1-21所示）。

图 1 – 21　可全额兑换残损人民币

（2）半额兑换。能辨别面额，票面剩余 1/2 以上（含 1/2）至 3/4 以下，其图案、文字能按原样连接的残缺、污损人民币；纸币呈正十字形缺少 1/4 的（如图 1 – 21 所示）。

图 1 – 21　可半额兑换残损人民币

（3）不予兑换。票面残缺 1/2 以上的；票面污损、熏焦、水湿、油浸、变色，不能辨别真假的；故意挖补、涂改、剪贴、拼凑，揭去一面的（如图 1 – 22 所示）。

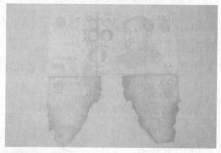

图 1 – 22　不可兑换残损人民币

三、残损人民币兑换流程

（1）持币人出示身份证和相关证明；

（2）按照兑换标准，由 2 名以上工作人员当着持币人的面，在符合半额和全额兑换标准的残损人民币上分别加盖"半额兑换"和"全额兑换"印章，不可兑换的残损人民币须退还持币人；

　　（3）按照可兑换残损人民币的总金额，兑付人民币（如图1－23所示）。

图1－23　残损人民币兑换用品

【知识链接】

残损人民币兑换单位及所需证明

　　凡办理人民币存取款业务的金融机构应无偿为公众兑换残缺、污损人民币，不得拒绝。公众兑换残损人民币时应提供以下证明：

　　（1）持币人本人身份证（包括身份证复印件）；

　　（2）对于火灾造成的残损币必须有公安消防或当地公安部门出具的有效证明；

　　（3）对于因交通事故造成的残损币必须有公安交通事故处理部门出具的有效证明；

　　（4）对于因保管不善造成的霉烂、虫蛀鼠咬等残损，需持有居住、暂住地街道或乡政府出具的有效证明。

图1－24　残损人民币兑换点

【案例分析】

　　陈艳作为出纳，原则上不能兑换的残币一律不收，凡能全额兑换的可在收到后到金融机构进行兑换，但可半额兑换的残币也尽量不收。

任务 1-3　点钞训练

【案例导入】

　　出纳陈艳为了提高职业技能，准备参加市里举行的点钞比赛，但平时她都是用点钞机进行点钞的，手工点钞速度很慢。她该如何练习点钞技能，才能在比赛中获取好成绩呢？

　　点钞是出纳人员必须掌握的一项基本业务技能，一般分为手工点钞和机具点钞两种方法。出纳人员整点票币时，不仅要做到点数准确无误，还必须对损伤票币、伪造币及变造币进行挑拣和处理，保证点钞的质量和速度。为了提高自身的点钞技术水平，出纳人员除了掌握一定的票币整点方法和鉴别知识外，还应在平时多学多练，才能在工作时得心应手，顺利完成工作任务。

一、点钞的基本要求和原则

1. 基本要求

　　点钞要求做到准、快、好。具体要求如下：

　　（1）坐姿端正。点钞的坐姿会直接影响点钞技术的发挥和提高。正确的坐姿应该是直腰挺胸，身体自然，肌肉放松，双肘自然放在桌上，持票的左手腕部接触桌面，右手腕部稍抬起，整点货币轻松持久，活动自如。

　　（2）操作定型，用品定位。点钞时使用的印泥、图章、水盒、腰条等要按使用顺序固定位置放好，以便点钞时使用顺手。

　　（3）点数准确。点钞技术关键是一个"准"字，清点和记数的准确是点钞的基本要求。点数准确一要精神集中，二要定型操作，三要手点、脑记，手、眼、脑紧密配合。

　　（4）钞票墩齐。钞票点好后必须墩齐后（四条边水平，不露头，卷角拉平）才能扎把。

　　（5）扎把捆紧。扎小把，以提起把中第一张钞票不被抽出为准。按"#"字形捆扎的大捆，以用力推不变形，抽不出票把为准。

　　（6）盖章清晰。腰条上的名章，是分清责任的标志，每个人整点后都要盖章，图章要清晰可辨。

　　（7）动作连贯。动作连贯是保证点钞质量和提高效率的必要条件，点钞过程的各个环节（拆把、清点、墩齐、扎把、盖章）必须密切配合，环环相扣。清点中双手动作要协调，速度要均匀，要注意减少不必要的小动作。

2. 基本原则

　　（1）点准。票币整点的数量必须准确无误，这是点钞工作的核心，而且由于现钞涉及直接的物质利益，因此整点时必须当面点清，双方确认。

　　（2）算对。票币的金额应当计算正确，收款依据（如合同、发票）的金额应当合计准确，两者必须一致。

（3）挑净。出纳人员在挑选整理票币的过程中，必须以严格的标准将损伤券、变造和伪造币挑选干净，防止鱼目混珠；对于辨认不清或存在疑问的票币，必须当场声明并应作出相应的处理。

（4）码齐。票币在挑选整理和清点无误后，都应码齐整好，便于存放。

二、点钞流程

点钞是从拆把开始到扎把为止这样一个连续、完整的过程。它一般包括拆把持钞、清点、记数、墩齐、扎把、盖章等环节。要加速点钞速度，提高点钞水平，必须把各个环节的工作做好。

1. 拆把持钞

成把清点时，首先需将腰条纸拆下。拆把时可将腰条纸脱去，保持其原状，也可将腰条纸用手指勾断。通常初点时采用脱去腰条纸的方法，以便复点时发现差错进行查找，复点时一般将腰条纸勾断。持钞速度的快慢、姿势是否正确，也会影响点钞速度。要注意每一种点钞方法的持钞方法。

2. 清点

清点是点钞的关键环节。清点的速度、准确性直接关系到点钞的准确与速度。因此，要勤学苦练清点基本功，做到清点既快又准。

在清点过程中，还需将损伤券按规定标准剔出，以保持流通中票面的整洁。如钞券中夹杂着其他版面的钞券，应将其挑出。

在点钞过程中如发现差错，应将差错情况记录在原腰条纸上，并把原腰条纸放在钞券上面一起扎把，不得将其扔掉，以便事后查明原因，另作处理。

3. 记数

记数也是点钞的基本环节，与清点相辅相成。在清点准确的基础上，必须做到记数准确。

4. 墩齐

钞券清点完毕扎把前，先要将钞券墩齐，以便扎把保持钞券外观整齐美观。票子墩齐要求四条边水平，不露头或不呈梯形错开，卷角应拉平。墩齐时，双手松拢，先将钞券竖起来，双手将钞券捏成瓦形在桌面上墩齐，然后将钞券横立并将其捏成瓦形在桌面上墩齐。

5. 扎紧

每把钞券清点完毕后，要扎好腰条纸。腰条纸要求扎在钞券的1/2处，左右偏差不得超过2cm。同时要求扎紧，以提起第一张钞券不被抽出为准。

6. 盖章

盖章是点钞过程的最后一环，在腰条纸上加盖点钞员名章，表示对此把钞券的质量、数量负责，所以每个出纳员点钞后均要盖章，而且图章要盖得清晰，以看得清行号、姓名为准。

三、常用纸币手工点钞方法

1. 手持式单指单张点钞法

用一只手指一次点一张的方法叫单指单张点钞法。这是点钞中最基本也是最常用的一种方法，使用范围较广，频率较高，适用于收款、付款和整点各种新旧大小钞票。这种点钞方法由于持票面小，能看到票面的3/4，容易发现假钞票及残破票，缺点是点一张记一个数，比较费力。具体操作方法：

（1）持票。左手横执钞票，下面朝向身体，左手拇指在钞票正面左端约1/4处，食指与中指在钞票背面与拇指同时捏住钞票，无名指与小指自然弯曲并伸向票前左下方，与中指夹紧钞票，食指伸直，拇指向上移动，按住钞票侧面，将钞票压成瓦形，左手将钞票从桌面上擦过，拇指顺势将钞票向上翻成微开的扇形，同时，右手拇指、食指作点钞准备（如图1-25所示）。

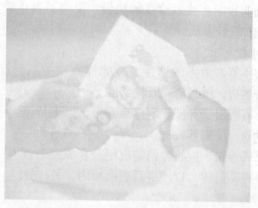

图1-25 单指单张持票方法

（2）清点。左手持钞并形成瓦形后，右手食指托住钞票背面右上角，用拇指尖逐张向下捻动钞票右上角，捻动幅度要小，不要抬得过高。要轻捻，食指在钞票背面的右端配合拇指捻动，左手拇指按捏钞票不要过紧，要配合右手起自然助推的作用。右手的无名指将捻起的钞票向怀里弹，要注意轻点快弹（如图1-26所示）。

图1-26 单指单张清点方法

（3）挑残破券。在清点过程中，如发现残破券应按剔旧标准将其挑出。为了不影响点钞速度，点钞时不要急于抽出残破券，只要用右手中指、无名指夹住残破券将其折向外边，待点完100张后再抽出残破券补上完整券。

（4）记数。与清点同时进行。在点数速度快的情况下，往往由于记数迟缓而影响点钞的效率，因此记数应该采用分组记数法。把10作1记，即1、2、3、4、5、6、7、8、9、1（即10），1、2、3、4、5、6、7、8、9、2（即20），以此类推，数到1、2、3、4、5、6、7、8、9、10（即100）。采用这种记数法记数既简单又快捷，省力又好记。但记数时要默记，不要念出声，做到脑、眼、手密切配合，既准又快。

2. **手持式单指多张点钞法**

手持式单指多张点钞是在手持式单指单张的基础上发展起来的。它适用于收款、付款和整点工作，各种钞券的清点都能使用这种点钞方法。其优点是点钞效率高，记数简单省力。但缺点是由于一指一次捻下几张钞券，除第一张外，后面几张看到的票面较少，不易发现残破券和假币。这种点钞法的操作方法除了清点和记数外，其他均与手持式单指单张点钞方法相同。

（1）清点。清点时右手拇指肚放在钞券的右上角，拇指尖略超过票面。如点双张，先用拇指肚捻下第1张，拇指尖捻下第2张；如点3张及3张以上时，同样先用拇指肚捻下第1张，然后依次捻下后面一张，用拇指尖捻下最后一张，要注意拇指均衡用力，捻的幅度也不要太大，食指、中指在钞券后面配合拇指捻动，无名指向怀里弹。为增大审视面，并保证左手切数准确，点数时眼睛要从左侧向右看，这样容易看清张数和残破券、假币（如图1－27所示）。

图1－27 单指多张清点方法

（2）记数。由于一次捻下多张，应采用分组记数法，以每次点的张数为组记数。如点3张，即以3张为组记数，每捻3张记一个数，33组余1张就是100张；又如点5张，即以5张为组记数，每捻5张记一个数，20组就是100张。以此类推。

四、纸币扎把方法

点钞完毕后需要对所点钞票进行扎把，每把钞券清点完毕后，要扎好腰条纸。腰条纸要求扎在钞券的1/2处，左右偏差不得超过2cm。同时要求扎紧，以提起第一张钞券不被抽出为准。通常是 100 张捆扎成一把，分为缠绕式和扭结式两种方法。

1. 缠绕式

临柜收款采用此种方法，需使用牛皮纸腰条，其具体操作方法介绍如下：

（1）将点过的钞票 100 张墩齐。

（2）左手从长的方向拦腰握着钞票，使之成为瓦状（瓦状的幅度影响扎钞的松紧，在捆扎中幅度不能变）。

（3）右手握着腰条头将其从钞票长的方向夹入钞票的中间（离一端 1/3 ～ 1/4 处）从凹面开始绕钞票两圈。

（4）在翻到钞票转角处将腰条向右折叠 90°，将腰条头绕捆在钞票的腰条转两圈打结。

（5）整理钞票。

2. 扭结式

考核、比赛采用此种方法，需使用腰条，其具体操作方法介绍如下：

（1）将点过的钞票 100 张墩齐。

（2）左手握钞，使之成为瓦状。

（3）右手将腰条从钞票凸面放置，将两腰条头绕到凹面，左手食指、拇指分别按住腰条与钞票厚度交界处。

（4）右手拇指、食指夹住其中一端腰条头，中指、无名指夹住另一端腰条头，并合在一起，右手顺时针转 180°，左手逆时针转 180°，将拇指和食指夹住的那一头从腰条与钞票之间绕过、打结。

（5）整理钞票（如图 1 – 28 所示）。

图 1 – 28　捆扎钞票

五、盖章

盖章是点钞过程的最后一环，在腰条纸上加盖点钞员名章，表示对此把钞券的质量、数量负责，所以每个出纳员点钞后均要盖章，而且图章要盖得清晰，以看得清行号、姓名为准（如图 1 – 29 所示）。

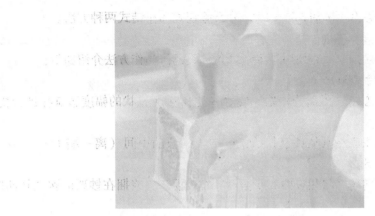

图 1 - 29　钞票腰条盖章

六、机器点钞

机器点钞就是使用点钞机整点钞以代替手工整点。机器点钞代替手工点钞，对提高工作效率，减轻出纳人员劳动强度，加速资金运转都有积极的作用。随着金融事业的不断发展，出纳的收付业务量也日益增加，机器点钞已成为银行出纳点钞的主要方法。

1. 点钞机的基本结构

点钞机由三大部分组成。第一部分是捻钞；第二部分是计数；第三部分是传送整钞（如图 1 - 30 所示）。捻钞部分由下钞斗和捻钞轮组成。其功能是将钞券均匀地捻下送入传送带。捻钞是否均匀，计数是否准确，其关键在于下钞斗下端一组螺丝的松紧程度。使用机器点钞时，必须调节好螺丝，掌握好下钞斗的松紧程度。计数部分（以电子计数器为例）由光电管、灯泡、计数器和数码组成。捻钞轮捻出的每张钞券通过光电管和灯泡后，由计数器记忆并将光电信号转换到数码管上显示出来。数码管显示的数字，即为捻钞张数。传送整钞部分由传送带，接钞台组成。传送带的功能是传送钞券并拉开钞券之间的距离，加大票币审视面，以便及时发现损伤券和假币。接钞台是将落下的钞券堆放整齐，为扎把做好准备。

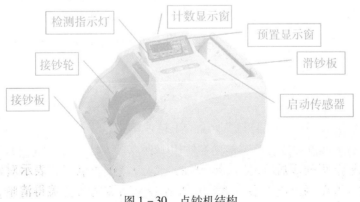

图 1 - 30　点钞机结构

2. 机器点钞方法

（1）试机。首先检查各机件是否完好，再打开电源，检查捻钞轮、传送带、接钞台运行是否正常；检查灯泡、数码管显示是否正常，如荧光数码显示不是"0"，那么按"0"键钮，使其复位"0"。然后开始调试下钞斗，松紧螺母，通常以壹元券为准，调到不松、不紧、不夹、不阻塞为宜。调试时，右手持一张壹元券放入下钞斗，捻钞轮将券捻住，马上用手抽出，以捻得动抽得出为宜。调整好点钞机后，还应拿一把钞券试试，看看机器转速是否均匀，下钞是否流畅、均匀，点钞是否准确，落钞是否整齐。若传送带上钞券排列不均匀，说明下钞速度不均，要检查原因或调节下钞斗螺丝；若出现不整齐、票面歪斜现象，说明下钞斗与两边的捻钞轮相距不均匀，往往造成距离近的一边下钞慢，钞券一端向送钞台倾斜，传送带上钞券呈一斜面排列；反之下钞快。这样应将下钞斗两边的螺丝进行微调，直到调好为止。

（2）持票拆把。用右手从机器右侧拿起钞券，右手钞券横执，拇指与中指、无名指、小指分别捏住钞券两侧，拇指在里侧，其余三指在外侧，将钞券横捏成瓦形，中指在中间自然弯曲。然后用左手将腰条纸抽出，右手将钞券速移到下钞斗上面，同时用右手拇指和食指捏住钞券上侧，中指、无名指、小指松开，使钞券弹回原处并自然形成微扇面，这样即可将钞券放入下钞斗。

（3）点数。将钞券放入下钞斗，不要用力。钞券经下钞斗通过捻钞轮自然下滑到传送带，落到接钞台。下钞时，点钞员眼睛要注意传送带上的钞券面额，看钞券是否夹有其他票券、损伤券、假钞等，同时要观察数码显示情况。拆下的腰条纸先放在桌子一边不要丢掉，以便查错用。

（4）记数和扎把。当下钞斗和传送带上的钞券下张完毕时，要查看数码显示是否为"100"。如反映的数字不为"100"，必须重新复点。在复点前应先将数码显示置"00"状态并保管好原把腰条纸。如经复点仍是原数，又无其他不正常因素时，说明该把钞券张数有误，即应将钞券连同原腰条纸一起用新的腰条纸扎好，并在新的腰条纸写上差错张数，另作处理。一把点完，计数为百张，即可扎把。扎把时，左手拇指在钞券上面，手掌向上，将钞券从按钞台里拿出，把钞券墩齐后进行扎把。

（5）盖章。复点完全部钞券后，点钞员要逐把盖好名章。盖章时要做到先轻后重，整齐，清晰。

【案例分析】

手工点钞方法有多种，除了上述所说的手持式单指单张和单指多张点钞法外，还有下表中所使用的纸钞点钞方法。陈艳比赛使用哪种点钞方法，除了根据她所在的企业业务性质选取外，还可以根据她自身的条件来选择。

表 2-1　点钞方法

点钞方法	适用范围	特点
手持式四指拨动点钞法	收、付款清点及钞票数量多的初、复点工作	省力、效率高，能逐张识别真假钞票及挑剔残破券
手持式五指拨动点钞法	收、付款及各种不同面额钞票的清点	清点效率高，计数省脑，可减轻操作的劳动强度
手按式四指四张点钞法	收、付款工作和整点各种新旧主币、辅币	只能看到首张钞票，不宜清点残破券多的旧钞票
手按式四指拨动点钞法	收、付款工作及各种钞票清点工作	清点效率高，但不易挑剔残破券，量少额小清点不便
扇面式点钞法	清点新票及复点工作	不便挑剔残破券，不便识别真假钞

【知识链接】

硬币点钞方法

硬币点钞一般包括整理、清点、记数几个步骤。清点硬币前，应首先将不同面值的硬币分类码齐排好，一般 5 枚或 10 枚为一垛。清点时，可将硬币从右向左分组清点，用右手拇指和食指持币分组点数。为了准确，可以用中指分开查看各组数量并复点，无误后即可计算金额，完成硬币清点工作。

项目二　票据凭证的使用和保管

任务 2-1　票据凭证的取得

【案例导入】

陈艳在平时的工作中，需要使用支票、银行本票、商业汇票、收款收据、银行进账单等票据凭证。她应该从哪里取得这些空白票据，取得的手续又应该如何呢？

一、出纳原始凭证及种类

出纳原始凭证是指在业务处理过程中出纳开具、填制或取得的原始凭证。

1. 现金收付类原始凭证

现金收付原始凭证主要有：从银行提取现金时签发的现金支票存根；现金存入银行时填写的送款单；零星小额销售的发票（副本）；职工预借差旅费以及基层单位借支备

用金的借据；收进职工交款的收据（副联）等（如图2－1至图2－4所示）。

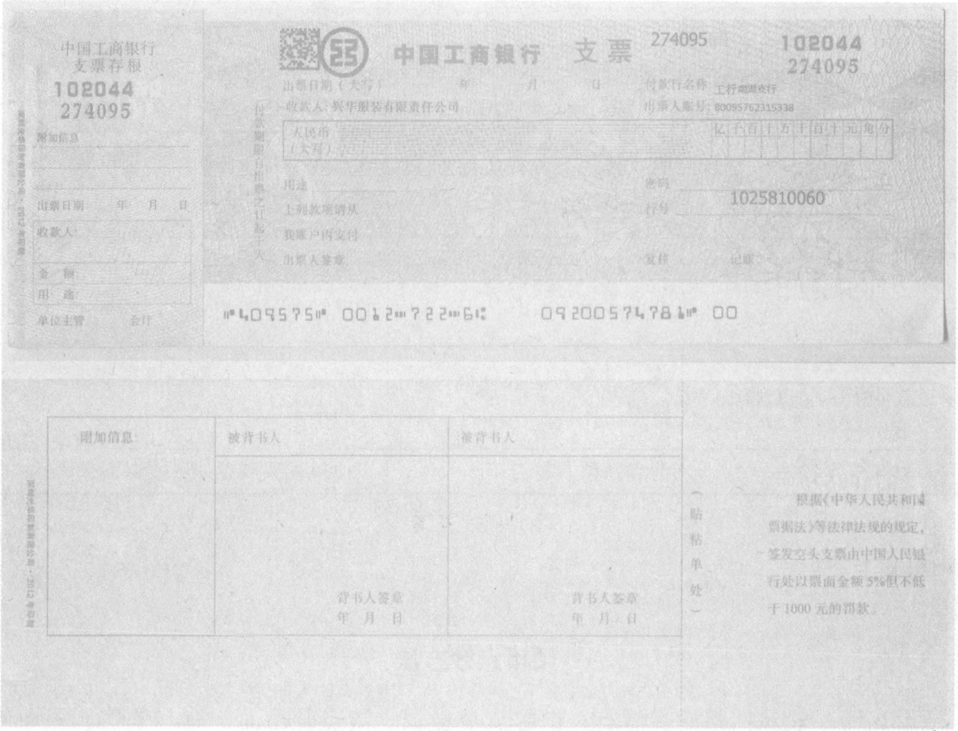

中国工商银行
支票存根
102044
274095
附加信息
出票日期 年 月 日
收款人：
金额
用途
单位主管 会计

中国工商银行 支票 274095
102044
274095
出票日期（大写） 年 月 日
付款行名称：
收款人：
出票人账号：
人民币（大写）
亿 千 百 十 万 千 百 十 元 角 分
用途
密码
上列款项请从
行号 1025810060
我账户内支付
出票人签章
复核 记账

附加信息：
被背书人
被背书人
背书人签章
年 月 日
背书人签章
年 月 日
（粘贴单处）
根据《中华人民共和国票据法》等法律法规的规定，签发空头支票由中国人民银行处以票面金额5%但不低于1000元的罚款。

图2－1　现金支票正、反面

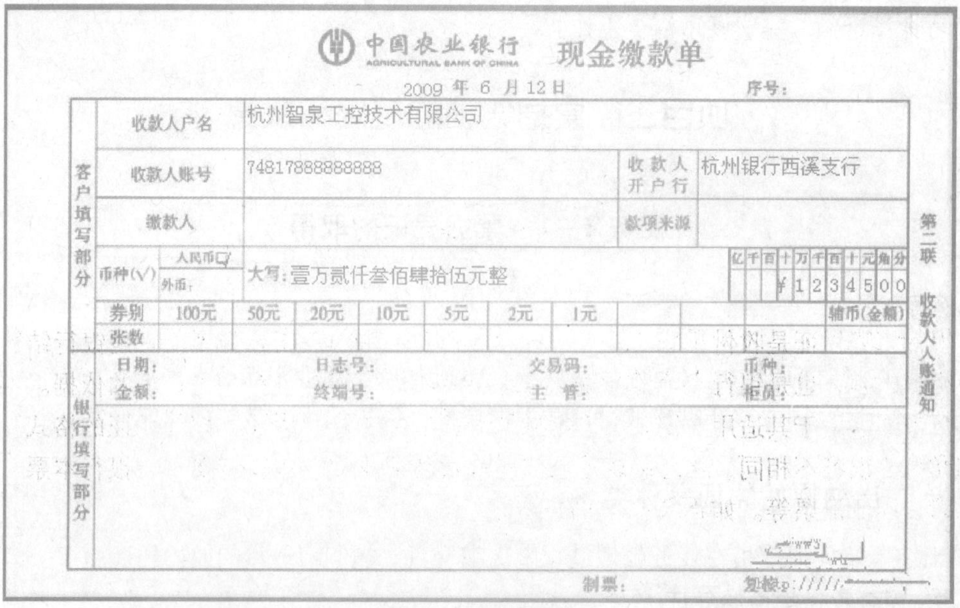

中国农业银行 AGRICULTURAL BANK OF CHINA 现金缴款单

2009 年 6 月 12 日　　序号：

客户填写部分	收款人户名	杭州智泉工控技术有限公司		
	收款人账号	74817888888888	收款人开户行	杭州银行西溪支行
	缴款人		款项来源	
	币种(√) 人民币☑ 外币：	大写：壹万贰仟叁佰肆拾伍元整		￥1234500

券别	100元	50元	20元	10元	5元	2元	1元			辅币(金额)
张数										

银行填写部分
日期： 日志号： 交易码： 币种：
金额： 终端号： 主管： 柜员：

制票： 复核：

第二联 收款人人账通知

图2－2　现金缴款单

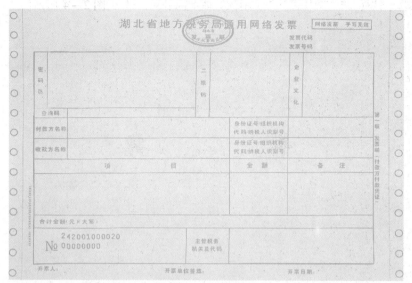

图2-3 发票

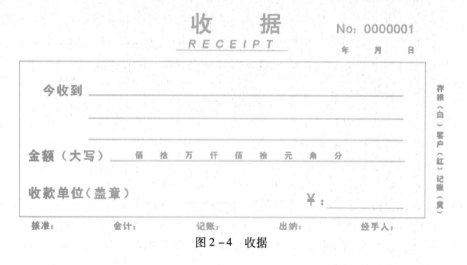

图2-4 收据

2. 银行结算类原始凭证

银行结算凭证是收付款双方及银行办理银行转账结算的书面凭证。它是银行结算的重要组成内容，也是银行办理款项划拨、收付款单位和银行进行会计核算的依据。不同的结算方式，由于其适用范围、结算内容和结算程序不同，因而其结算凭证的格式、内容和联次等也各不相同。银行结算凭证主要包括转账支票、银行进账单、银行本票、银行汇票、商业汇票等。如图2-5、图2-6所示。

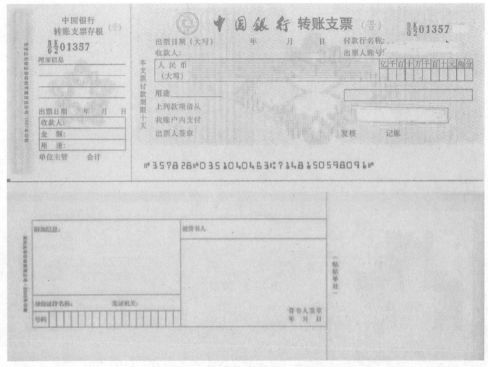

图2-5 转账支票正、反面

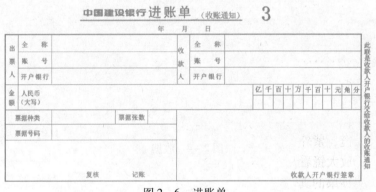

图2-6 进账单

二、票据凭证的取得

1. 购入

现金支票、转账支票、银行承兑汇票等需要盖上银行预留印鉴的凭证，都需要向银行购买。

（1）出纳首先填写"空白票据购买申请表"，交主管会计审核，财务负责人审批。

（2）携带银行预留印鉴（一般包括企业财务专用章、法人代表章或法人授权人名章，有的企业还使用财务主管名章）前往银行购买。

（3）到银行柜台填写空白凭证领用单，并在适当位置盖上银行预留印鉴，再提交给银行。

（4）银行审核无误，收取手续费及工本费（一般支票每本 15 元，工本费 5 元）。

（5）出纳在银行的票据领用簿上签收，取得空白凭证收费单据。

银行发售支票每个账户一般一次一本，业务量大的可以适当放宽。银行在出售时应在每张支票上加盖本行行号和存款人账号，并记录支票号码（如图 2－7、图 2－8 所示）。

图 2－7　空白凭证购买单

图 2－8　购买空白凭证收费单

2. 领取

进账单、现金解款单等不需加盖银行预留印鉴的票据则可以在银行柜台免费领取。

【案例分析】

陈艳应该分清所用凭证是购买还是领取，完备相关手续，及时取得所需票据凭证。另外，一般情况下，陈艳不要等到凭证用完后再去购买。因为有时候刚好有业务比较紧急需要付款，如果这时候没有付款单据，就会影响公司的正常运作，给企业带来经济损失。如果银行允许，也可以一次多购几本凭证，这样可避免票据短缺所带来的不便，也可减少跑银行的次数。

任务 2-2　票据填写规范

【案例导入】

> 陈艳为支付货款开出一张转账支票，拿去银行转账时被银行拒绝办理，理由是支票的出票日期填写不规范。那么票据日期该如何填写？除了注意日期的填写规范外，还需注意哪方面的填写要求呢？

一、填写票据的用笔规范

1. 重要票据

对于重要的票据如支票等，要求使用蓝色、黑色的碳素墨水笔书写。

2. 一般单联票据

一般单联的票据，如费用分配表、差旅费报销单等，要求使用蓝色、黑色钢笔书写。

3. 多联套写单据

多联套写票据，如多联普通发票、收据等，要求用蓝色、黑色圆珠笔书写。

4. 机打单据

有些单据如增值税专用发票，要求用电脑完成，打印机输出。

二、票据金额书写规范

1. 阿拉伯数字的书写规范

（1）数字大小要匀称，书写笔画要流畅，独立有型，不能连笔。

（2）每个数字应紧贴底线，上端不可顶格，高度应占全格的 1/2~2/3 的位置。除"6、7、9"外，其他数码要高低一致。写"6"时，上端比其他数字高出 1/4；写"7"和"9"时，下端伸出 1/4。

（3）每个数字排列有序，并要有一定的倾斜度，数字倾斜度要一致，倾斜角度为 45°或 60°。

（4）书写时从左至右、自上而下，数字间保留一定的间隙，而且距离相等。数字上下对齐，数字间不能留空格。

（5）除"4"、"5"以外，数字须一笔完成，不可人为地增加笔画。

（6）用"三位一节"分位点"，"分开。

（7）小写金额前填写人民币符号"¥"以后，数字后面可以不写"元"字。（如图 2-9 所示）

图 2-9 阿拉伯数字书写范例

2. 大写汉字金额的书写规范

（1）金额大写汉字一律用正楷或行书书写。如壹、贰、叁、肆、伍、陆、柒、捌、玖、拾、佰、仟、万、亿、元、角、分、零、整等。

（2）大写金额前若未印有"人民币"字样的，应加写"人民币"字样，"人民币"字样和大写金额之间不得留有空白。

（3）大写金额到元或角的，后面要写"整"或"正"字；有分的，不写"整"或"正"字。（如表2-2、表2-3所示）

表2-2 大写汉字金额书写范例对照表1

一	二	三	四	五	六	七	八	九	十
壹	贰	叁	肆	伍	陆	柒	捌	玖	拾

表2-3 大写汉字金额书写范例对照表2

百	千	万	亿	元	0
佰	仟	万	亿	元	零

3. 大小写金额的对应

（1）阿拉伯数字之间有"0"的，汉字大写金额要写"零"字。如"￥306.00"，汉字大写金额应写成"人民币叁佰零陆元整"。

（2）阿拉伯数字中间连续有几个"0"的，汉字大写金额中只写一个"零"字。如"￥20009.50"，汉字大写金额应写成"人民币贰万零玖元伍角正"。

（3）阿拉伯数字元位是"0"，或数字中间连续有几个"0"，元位也是"0"，但角位不是"0"的，汉字大写金额可只写一个"零"字，也可不写"零"字。如"￥71000.40"可写成"人民币柒万壹仟元肆角整"，也可写成"人民币柒万壹仟元零肆角整"。

三、日期书写规范

很多银行单据的填写不仅要求金额要用大写，日期也要用大写，因此中文日期数字的大写也是出纳必须掌握的一项基础技能。

1. 年的书写

年份直接根据中文日期填写，如2014年应写成"贰零壹肆年"。

2. 月的书写

月份为 3—9 月的，根据中文日期填写，如 5 月可写成"伍月"，也可写成"零伍月"。月份为 1、2、10 月的，必须在前面加零，如 10 月应写成"零壹拾月"。月份为 11、12 月的，必须在大写前面加壹，如 12 月应写成"壹拾贰月"。

3. 日的书写

日为 1—9 和 10、20、30 的，必须在前面加"零"，如 7 日应写成"零柒日"，20 日应写成"零贰拾日"。日为 11—19 的，必须在前面加"壹"，如 16 日应写成"壹拾陆日"。

【案例分析】

票据的出票日期必须使用中文大写，票据的出票日期使用小写填写时，银行不予受理。大写日期未按要求规范填写的，银行可予受理，但由此造成损失的，由出票人自行承担。

任务2-3　常用票据填写训练

【案例导入】

2013 年 12 月，公司出纳员陈艳在审查原始凭证时，发现业务员李某提供的购货发票存在问题：发票大小写金额不一致。

发　票

年　　　月　　　日

客户名称：　　　　　　　　　　　　　　　　　　　　　　　　　　　　　　No：170800

货物名称	数量	单价	金额
书	100	25	2500.00
合计：人民币（大写）贰佰五拾元整			￥2500.00

该发票除大小写金额不一致外，还存在什么问题？

一、支票的填写

各种支票的规范填写是出纳人员必须了解的内容，常见支票分为现金支票、转账支票。在支票正面上方有明确标注。现金支票只能用于支取现金（限同城内）；转账支票只能用于转账（限同城内，包括北京、上海、汕头、深圳和珠海）。

1. 支票日期填写

出票日期（大写）、数字必须大写，大写数字写法：零、壹、贰、叁、肆、伍、陆、柒、捌、玖、拾。

（1）壹月、贰月、拾月前"零"字必须写，叁月至玖月前"零"字可写可不写。

拾壹月和拾贰月必须写成"壹拾壹月"、"壹拾贰月"（拾月应写成"零壹拾月"）。

（2）壹日至玖日前"零"字必须写，拾日至拾玖日必须写成"壹拾日"及"壹拾 X 日"（前面多写了"零"字也认可，如"零壹拾伍日"，下同），贰拾日至贰拾玖日必须写成"贰拾日"及"贰拾 X 日"，叁拾日至叁拾壹日必须写成"叁拾日"及"叁拾壹日"。

2. 支票收款人

（1）现金支票收款人可写本单位名称，此时现金支票背面"被背书人"栏内加盖本单位的财务专用章和法人章，之后收款人可凭现金支票直接到开户银行提取现金。有的银行各营业点联网，所以也可到联网营业点取款，具体要看联网覆盖范围而定。

（2）现金支票收款人可写收款人个人姓名，此时现金支票背面不盖任何章，收款人在现金支票背面填上身份证号码和发证机关名称，凭身份证和现金支票签字即可领款。

（3）转账支票收款人应填写对方单位名称。转账支票背面本单位不盖章。收款单位取得转账支票后，在支票背面被背书人栏内加盖收款单位财务专用章和法人章，填写好银行进账单后连同该支票交给收款单位的开户银行委托银行收款。特别注意：被背书人栏由对方单位自己填写，以免自己填写错误造成支票作废引起对方不满。

3. 付款行名称、出票人账号

即为本单位开户银行名称及银行账号。例如：工行高新支行九莲分理处，1202027409900088888。银行账号必须小写。

4. 人民币大写金额填写方法

数字大写写法：零、壹、贰、叁、肆、伍、陆、柒、捌、玖、拾、佰、仟、万、亿。

举例：

（1）289546.52 贰拾捌万玖仟伍佰肆拾陆元伍角贰分。

（2）7560.31 柒仟伍佰陆拾元零叁角壹分。

此时陆拾元零叁角壹分"零"字可写可不写。

（3）532.00 伍佰叁拾贰元正。

"正"写为"整"字也可以。不能写为"零角零分"。

（4）425.03 肆佰贰拾伍元零叁分。

（5）325.20 叁佰贰拾伍元贰角正。

角字后面可加"正"字，但不能写"零分"，比较特殊。

5. 人民币小写金额填写方法

最高金额的前一位空白格用"￥"字头，数字填写要求完整清楚。

6. 支票用途

（1）现金支票有一定限制，一般填写"备用金"、"差旅费"、"工资"、"劳务费"等。

（2）转账支票没有具体规定，可填写如"货款"、"代理费"等。如果开给个人的工程款，用途必填"劳务费"。

7. 盖章

支票正面盖财务专用章和法人章，缺一不可，印泥为红色，印章必须清晰，印章模糊则将本张支票作废，换一张重新填写重新盖章。反面盖章与否参见"2. 支票收款人"节。盖章时两个章不能重叠。

8. 用笔

支票要求使用碳素墨水钢笔填写。（如图2-11，图2-12所示）

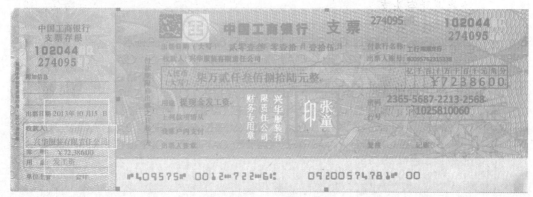

图2-10 支票填写范例

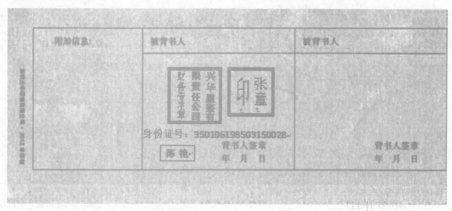

图2-11 支票背书填写范例

【知识链接】

支票填写的其他规定

（1）支票正面不能有涂改痕迹，否则本支票作废。

（2）受款人如果发现支票填写不全，可以补记，但不能涂改。

（3）支票的有效期为10天，日期首尾算一天，节假日顺延。所以支票日期填写要根据实际情况。

（4）支票见票即付，不记名。丢了支票尤其是现金支票可能就是票面金额数目的钱丢了，银行不承担责任。支票若丢失，现金支票一般要素填写齐全，假如支票未被冒领，在开户银行挂失；转账支票假如要素填写齐全，在开户银行挂失，假如要素填写不齐，到票据交换中心挂失。

（5）出票单位现金支票背面有印章盖模糊了，可把模糊印章打叉，重新再盖一次。

（6）收款单位转账支票背面印章盖模糊了（此时根据票据法规定是不能以重新盖章方法来补救的），收款单位可带转账支票及银行进账单到出票单位的开户银行去办理收款手续（不用付手续费），俗称"倒打"，这样就用不着到出票单位重新开支票了。

（7）不能填开空头支票。填写支票时容易出现的错误主要包括日期填写错误，印章加盖模糊不清，银行收款单位与背书单位印鉴不符。

二、收据的填写

出纳收到非销售业务的现金时，应开具收据。收据一般一式三联，分别是存根联、收款联（交对方）和记账联（交财务）。收据一般使用圆珠笔填写。（如图2－12所示）

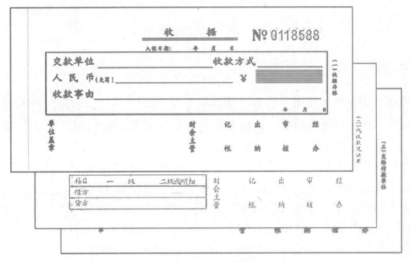

图2－12 收据模板

（1）使用单位开具收据时，必须严格按收款实际时间填写开具收据日期，不得提前或延后。

（2）每本收据的使用必须按编号顺序开具，不得隔本、跳号、断号使用。

（3）开具收据时，所有项目填写齐全，包括实际交款单位全称、收款项目、缴款人、收款人、计量单位、数量、大小写金额等，填写要求准确、真实，不得漏项。

（4）收款金额大小写必须一致，要求小写数字（前面应加"￥"符号）与大写数字按规范书写。

（5）收款收据一式三联，必须一次复写，不得套开。字迹清楚、字体工整，不得修改、挖补。第一联存根联，可不加盖章。第二联应加盖财务专用章和现金收讫章交交款方。第三联加盖现金收讫章交财务记账。

（6）收款事由要写清楚具体项目内容（如定金、货款、尾款等）。

（7）因填写错误或其他原因需要作废的收款收据，必须保证各联次的完整并在各联次注明作废字样。

（8）各单位领用的收款收据不得转借、代开，不得拆本使用，不得弄虚作假。（如

图 2 - 13 所示）

图 2 - 13 收据填写范例

三、发票的填写

（1）发票启用前要先检查，检查有无缺联少页、重号少号、字迹模糊不清、错装混订、漏章错章、断纸废页等问题。如果发现问题则该发票不能使用，应及时向主管税务机关报告，待请示后再作处理，不得擅自处理。

（2）按规定的顺序填开。用票人必须按发票号码顺序，包括本数顺序，每本号码的顺序填开发票。既不能跳本、跳号填开，也不能多本同时填开。

（3）逐栏填开发票。用票人应按照发票票面规定的内容逐项进行填写，不得空格、漏项或简略，这是保证发票使用完整性的基本要求。（如用 2 - 14 所示）

（4）全部联次一次性如实开具发票。用票人必须按照经济业务活动的真实内容，全部联次一次性如实开具发票。填开发票时，应做到字迹清楚、工整，不得涂改套用和冲洗重用，对因填开或计算错误而作废的发票，应当全份完整保存，并加盖"作废"戳记。

（5）加盖单位财务印章或发票专用章。发票填开后，只有在发票联和抵扣联加盖了开具方的财务印章或发票专用章，该发票才能最终成为合法有效的发票，否则，该发票就不具备法律效力，付款方也不能作为财务核算的有效凭证。

（6）任何单位和个人不得转借、转让、代开发票。

（7）未经地税机关批准，不得拆本使用发票；不得自行扩大专业发票使用范围。

四、现金缴款单的填写

出纳收到销售业务的现金或库存现金超过限额时，应填制现金缴款单。现金缴款单一般一式四联，分别是回单联（银行签章后带回）、传票联（作银行收入凭证）、收账联（收账通知）和被查联（银行留存）。现金缴款单一般使用圆珠笔填写。（如图 2 - 15 所示）

图 2-14　发票填写范例

中国工商银行现金交款单（回单）

	年　月　日			对方科目			第　号								
收款单位	全称					款项来源									
	账号			开户银行		交款人									
人民币（大写）							百	十	万	千	百	十	元	角	分
辅币	券别	伍角	贰角	壹角	伍分	贰分	壹分								
	张数														
主币	券别	伍拾元	贰拾元	壹拾元	伍元	贰元	壹元								
	张数						收款员　　复核员								

图 2-15　现金缴款单模板

（1）缴款日期应当填写送存银行当日的日期。

（2）如实填写现金缴款单的各项内容，包括收款单位名称、款项来源、开户银行、送存日期、科目账号、送存金额的大小写、券别数量等内容。

（3）券别的明细张数和金额必须和各券别的实际数一致，一元、一角既有纸币又有硬币，应填两者合计数。

（4）使用双面复写纸，字迹必须清晰、规范，不得涂改。（如图 2-16 所示）

中国工商银行现金交款单（回单）

2008 年 12 月 15 日　　　　　　第0001号

收款单位	全称	广东宜延家具有限责任公司		款项来源	工作服款											
	账号	08-86538002829	开户银行	工商银行江门市蓬莱环市路支行	交款人	刘梦										
	人民币（大写）壹佰碳拾壹元陆角零分					百	十	万	千	百	十	元	角	分		
									¥	1	4	1	6	0		
辅币	券别	伍角	贰角	壹角	伍分	贰分	壹分									
	张数			3张												
主币	券别	伍拾元	贰拾元	壹拾元	伍元	贰元	壹元									
	张数	1张	1张	5张	2张		11张	收款员				复核员				

图2-16　现金缴款单填写范例

五、进账单的填写

进账单是指持票人或收款人将票据款项存入收款人的银行账户的凭证，也是银行将票据款项记入收款人账户的凭证。企业收到对方单位的转账支票或银行汇票时，需填进账单，连同票据一起到银行办理转账手续。进账单一般一式三联，第一联为回单，是开户银行交给持（出）票人的回单；第二联为贷方凭证，由收款人开户银行作贷方凭证；第三联为收账通知，是收款人开户银行交给收款人的收账通知。（如图2-17所示）

中国工商银行　　　进账单（收账通知）　　1

年　　月　　日　　　　　　　第　　号

出票人	全称		收款人	全称									
	账号			账号									
	开户银行			开户银行									
金额	人民币（大写）				仟	佰	拾	万	仟	佰	拾	元	角	分
票据种类													
票据张数													
单位主管　会计　复核　记账				收款人开户银行签章									

图2-17　进账单模板

1. 填写内容及方法

出票人全称：开具支票单位的全称

出票人账号：支票上标明的开具支票单位的账号

出票人开户银行：支票上标明的开具支票单位的开户银行

金额：按支票或汇票上面标明的金额

收款人全称：收款单位的全称

收款人账号：收款单位的账号

收款人开户银行：收款单位的开户银行

票据种类：支票上面标明（例如转账支票）

票据张数：按实际票据张数填写

票据号码：支票上面右上角所标明的号码

注：有的银行有要求在银行进账单右上角上面写上收款单位开户银行的行号。（如图 2－18 所示）

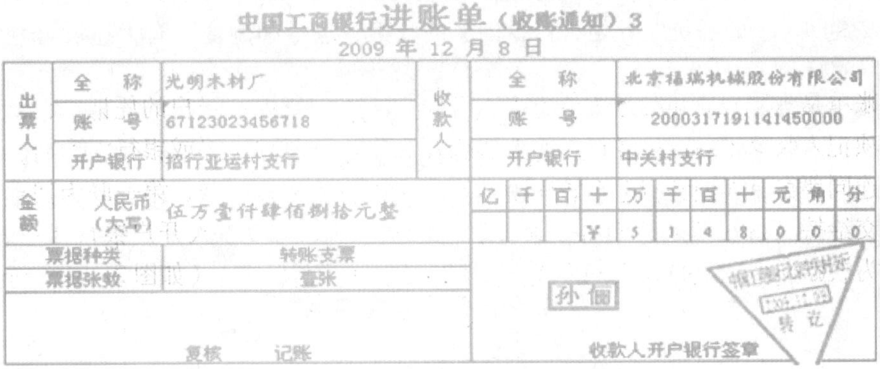

中国工商银行进账单（收账通知）3

2009 年 12 月 8 日

出票人	全称	光明木材厂	收款人	全称	北京福瑞机械股份有限公司
	账号	67123023456718		账号	20003171911414500000
	开户银行	招行亚运村支行		开户银行	中关村支行
金额	人民币（大写）	伍万壹仟肆佰捌拾元整		亿 千 百 十 万 千 百 十 元 角 分	¥ 5 1 4 8 0 0 0
票据种类		转账支票		收款人开户银行签章	
票据张数		壹张			
		复核　记账			

图 2－18　进账单填写范例

2. 注意事项

（1）进账单与支票配套使用，可以一张支票填制一份进账单，也可以多张支票（不超过 4 笔）汇总金额后填制一份进账单，即允许办理一收多付（一贷多借）。对一些收受支票业务量较大的收款单位，如商业（供销）批发、零售等企业经其开户银行审查同意，也可以抄附票据清单，汇总填写进账单，委托银行办理收款。这样规定的目的，主要是为了方便客户、简化手续，以减轻客户填制凭证的压力。

（2）对于办理一收多付（一贷多借）的进账单，客户必须根据不同的票据种类和支票签发人所属的不同票据交换行（处）分别填制，不得混淆。主要原因：一是票据种类不同，如支票、银行汇票，在银行内部核算处理的方法和要求不一样；二是受路途远近、交通情况等客观条件的限制，一些基层交换行（处）有的参加两次交换，有的只能参加一次交换，在交换票据的处理、资金的抵用时间等方面就存在差异。

（3）进账单上填列的收款人名称、账号、金额均不得更改，其他项目应根据所附支票的相关内容据实填列。这是因为银行受理票据后，支票和进账单两者分离，要分别在不同的柜组之间进行核算处理，为了防止差错纠纷和经济案件的发生，便于事后查找而规定的。

（4）进账单第二联最下端的磁码区域必须保持清洁，任何企事业单位或个人不得在此区域内书写或盖章，其目的、作用与支票相同。

【案例分析】

为了正确地反映和监督各项经济业务，确保会计资料真实、正确和合法，必须对出纳原始凭证进行严格认真的审核。各种原始凭证除由经办业务部门审核以外，还要由会计部门进行审核。审核的内容主要包括下述三方面：

1. 审核原始凭证的内容和填制手续是否合规

主要核实凭证所记录的经济业务是否与实际情况相符：凭证必须具备的基本内容是否填写齐全；文字和数字是否填写正确，清楚；有关人员是否签字盖章。审核中若发现不符合实际情况、手续不完备或数字计算不正确的原始凭证，应退回有关经办部门或人员，要求他们予以补办手续。

2. 审核原始凭证反映的经济业务内容是否合理、合法

主要查明发生的经济业务是否符合国家的政策、法令和制度，有无违反财经纪律等违法乱纪的行为。

3. 技术性审核

根据原始凭证的填写要求，审核原始凭证的摘要和数字及其他项目是否填写正确，数量、单价、金额、合计是否填写正确，大、小写金额是否相符。若有差错，应退回经办人员予以更正。

任务 2-4　印章使用

【案例导入】

陈艳为支付采购款开出了支票，她知道拿支票去银行转账前必须在支票上盖上银行预留印鉴，但她不知道应该盖哪些印章？这些印章由哪些人保管着？

印章是公司经营管理活动中行使职权，明确公司各种权利义务关系的重要凭证和工具，也是企业日常工作中使用的单位和个人的各种签章。公司印章包括公章、法人私章、合同章、财务章及各职能部门章。

一、企业常用印章

企业出纳工作中常使用的印章主要有：

（1）公章。代表本单位的印章，主要使用在证明、协议、介绍、规定等书面文件中。

（2）财务专用章。代表本单位财务事项的印章，主要使用于收据、银行预留印鉴等。

（3）发票专用章。代表本单位开具发票的印章，主要用于各类发票。

（4）合同专用章。代表本单位签订合同时使用的印章，主要用于各类合同中。

（5）法人章。法人的名章，主要用于银行预留印鉴及法定代表人的事项。

（6）现金收讫、付讫章。现金收讫表示收到现金，现金付讫表示付出现金。

（7）作废章。表明作废，主要用于发票、收据、支票、文件等填写错误后盖制。（如图 2 – 19 所示）

图 2 – 19　各类常用印章

二、银行预留印鉴

银行预留印鉴是企业在银行开设账户时在银行预留的印鉴，作为企业在银行办理各种银行业务的身份证明。

1. 银行预留印鉴的构成

根据人民银行的规定，企业在银行的预留印鉴一般为两枚："财务专用章 + 法人章"或"公章 + 法人章"。但从企业的角度，还可以将印鉴设置为三枚："财务专用章 + 法人章 + 财务主管名章"或"公章 + 法人章 + 财务主管名章"。（如图 2 – 20 所示）

图 2 – 20　银行预留印鉴模板

2. 银行预留印鉴的使用

企业在银行开设账户，开户时需要在银行预留印鉴。印鉴要盖在一张卡片纸上，留在银行。当企业需要通过银行对外支付时，先填写对外支付申请或填写有关票据（如支票），申请或票据上必须盖上有留存印鉴。银行经过核对，确认对外支付申请或票据上的印鉴与预留印鉴相符时，即可代企业进行支付（如图2-21，图2-22所示）。

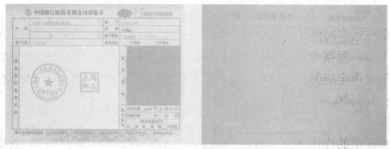

图2-21 银行预留印鉴卡

图2-22 加盖银行预留印鉴的支票

3. 银行预留印鉴的更换及废止

各单位因印章使用日久发生磨损，或者改变单位名称、人员调动等原因需要更换印鉴时，应填写"更换印鉴申请书"，由开户银行发给新印鉴卡。单位应将原印鉴盖在新印鉴卡的反面，将新印鉴盖在新印鉴卡的正面。若企业撤销，则应废止使用原印鉴，废止或缴销的印章应由保管人员填写"废止申请单"，由总经理核准后交由综合管理部统一废止或缴销。（如图2-23所示）

图2-23 银行预留印鉴更换通知书

三、印章的刻制与保管

1. 印章的刻制

企业印章在很多时候代表着企业，因此其刻制也有一定的强制规定。一般来说，公章、财务专用章、发票专用章等具有对外公信力的印章，必须由公安机关备案、审批后，到公安机关指定的刻章单位刻制。而现金收讫、现金付讫、作废等内部使用的印章一般由企业自行刻制。

2. 印章的保管

由于每个印章的作用不同，因此每个公司对印章的管理都有相应的制度。一般来说，采用的是分散管理、相互监督的办法。综合管理部主要职责是对印章的使用进行合理性管理，而印章保管人具有使用、监督、保管等多重责任与权力，具体划分如下：

（1）职能部门印章保管人对印章具有独立使用权力，同时负全部使用责任。

（2）公章一般由总经理或总经理授权的人员保管，公章、财务章的保管人无独立使用权力，但具有监督及允许使用权力，因此公章、财务章的保管人对印章的使用结果负主要责任，经手人则负部分责任；未经审批同意擅自使用的，保管人对使用结果负全部责任并按公司有关规定进行处分。

（3）法人私章的保管者可以是法人或法人授权的人，也可以是出纳。出纳既是保管者又是使用者，但其无独立使用权力，需依据财务部负责人审批的支付申请或取、汇款凭证方可使用，否则负全部责任。

（4）严禁公章、合同章、法人私章独立带离公司使用，保管人如遇需带公章、合同章外出办事使用时，需与办事人一同前往或指派代表一同前往。办理工商、年检等事务，需将表格带回公司盖章。

（5）公司高层领导因异地执行重大项目或完成重要业务，需要携带公司印章出差的，须经公司董事长或总经理审批并及时归还。

（6）任何人不得以任何事由在空白书面上加盖财务专用章和法人章。

【案例分析】

出纳使用的印章必须妥善保管，严格按照规定的用途使用，不得将印章随意存放或带出工作单位。用于签发支票的各种预留银行印鉴章不能由出纳一个人保管，一般应由主管会计人员或其他指定人员保管，而且支票和印鉴必须由两个人分别保管。

【知识链接】

盖章技巧

《预留印鉴管理暂行办法》规定，银行票据上盖的预留印鉴必须清晰，易辨认、审核，否则银行不予受理。因此，出纳应掌握正确的用印方法。

（1）将印章均匀蘸色，然后在其他纸面试盖印章，看印鉴是否清晰。

（2）在票据提示盖章的位置盖章。

（3）印章接触纸面后紧按住印章，防止错位移动。

（4）用印后迅速离开纸面，防止留有模糊印记及重影。

（5）加盖印章的票据上不要立刻覆盖其他物品。

任务 2-5 重要空白凭证的管理

【案例导入】

出纳陈艳开出支票到银行办理转账手续，由于想赶在银行下班前到达办理，她把支票填写完后将其余的空白支票随手放在自己办公桌的抽屉里就匆忙出去办事了。第二天上班时受到了财务经理的严厉批评。那么，空白支票应该放在什么地方才合适呢？

一、空白凭证及类型

1. 含义

重要空白凭证是指银行印制的无面额、经银行或单位填写金额并签章后即具有支取款项效力的空白凭证。重要空白凭证是银行凭以办理资金支付的特定凭证，银行须对其印制、领拨、保管、出售、销毁进行严格管理，确保安全。企业出纳作为空白凭证的保管者，也负有安全保管和按规范使用的责任。

2. 类型

重要空白凭证根据签发使用主体分成甲、乙两类。甲类凭证由银行签发使用，包括银行汇票、空白支票、本票、存单、存折、未启用银行卡及未领用银行卡等；乙类凭证由客户购领签发使用，包括支票、银行汇票申请书、银行本票申请书、商业汇票、贷记凭证等。

二、重要空白凭证的管理

1. 领购

开户单位领购支票等重要空白凭证时，应填写领用单，加盖全部预留印鉴。银行应根据领用单将起讫号码及时记入该单位存款账户的账页上，并登记重要空白凭证领用登记簿。

2. 签发

（1）经办人员签发重要空白凭证时，应进行销号控制。填错的重要空白凭证，加盖"作废"戳记后作有关科目传票的附件。

（2）属于银行签发的重要空白凭证，严禁由客户签发，并不得预先盖好印章备用。

（3）使用计算机打印重要空白凭证时，只能在原有重要空白凭证上填空打印，不得自行打印凭证格式。

3. 保管

（1）建立重要空白凭证保管库（柜）及保管登记簿，如实登记保管、领用、使用情况。重要空白凭证必须指定专人负责管理。

（2）重要空白凭证应做到"证印分管"。

4. 注销与销毁

（1）单位销户时，应将剩余支票和其他重要空白凭证全部交回开户银行登记注销。单位对领用的重要空白支票和其他重要空白凭证负全部责任，如遗失或未交，由此而产生的一切经济损失，由领用单位负责。

（2）银行对单位交回的以及停止使用的重要空白凭证应作明显作废标记，造具清单，妥善保管，经主管领导批准后集中销毁。

【案例分析】

单位的重要空白凭证一般由出纳保管，应将其存放在保险柜中，不得随意存放。陈艳将空白支票放在抽屉，容易造成空白支票的遗失，给企业带来损失。

【知识链接】

其他单据的保管

未把单据交接给会计前，出纳一般不能把现金收支的相关单据借给他人。对作废的凭证，出纳应单独设立保存专册。处理作废单据时，要经过公司相关领导的批准才能进行。

现金日记账和银行存款日记账的保管期限为 25 年。因此保管过程中注意防潮、防蛀等，避免对账簿保存造成不利影响。银行存款余额调节表、银行对账单的保管期限为 5 年。出纳凭证在保存期满后，需要办理销毁的，要经领导审查并报经上级主管部门批准后才能进行。在销毁凭证资料时，应有凭证保管部门和财务部门共同派人监销。

项目三 保险柜使用

任务 3 -1 保险柜管理

【案例导入】

陈艳刚开始使用保险柜的时候，总是记错了保险柜的密码，导致打开保险柜的过程中保险柜发出报警声。那么，究竟应该如何操作打开保险柜的顺序？如果忘记了保险柜的密码应该怎么办呢？陈艳能不能将密码告诉另一个人让他帮着记密码呢？

保险柜是一种特殊的容器，用于存放机密文件、会计票证、金银首饰和现金等重要物品。依据不同的密码工作原理，防盗保险柜又可分为机械保险和电子保险两种。前者的特点是价格比较便宜，性能比较可靠。早期的保险柜大部分是机械保险柜。电子保险柜是将电子密码、IC卡等智能控制方式的电子锁应用到保险柜中，其特点是使用方便。保险柜结构如图 3 -1 所示。

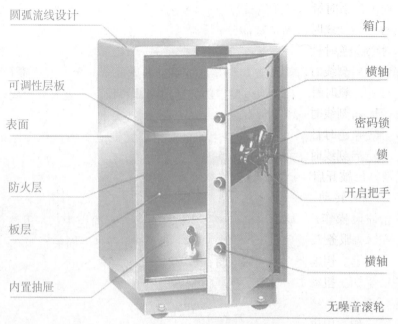

图 3 - 1　保险柜结构

一、保险柜的保管和使用

保险柜一般由企业的总会计师或财务部门负责人授权，由出纳负责管理使用。因此，保险柜一般配备两把钥匙，一把由出纳保管，供出纳日常工作开启使用；另一把交由保卫部门封存或由财务负责人保管，以备特殊情况下经有关领导批准后开启使用。出纳不能将钥匙交由其他人保管。

二、保险柜的开启

1. 机械式保险柜的开启

（1）开启密码锁。如果保险柜密码锁盘已锁住，必须先插入号码转盘锁钥匙，逆时针（向左）转动180°开启号码转盘锁（如图3-2所示）。

密码一般由4组号码组成，每组号码由0~99的数字组成，采用机械转动对码开启方式打开密码锁。对码的操作口诀为：顺四、逆三、顺二、逆一。只要您正确进行4次对码操作，就可以顺利开启密码锁。例如，密码为，86-53-72-25，对码如下：

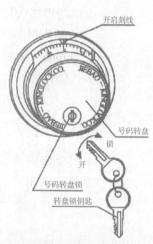

图 3 - 2　密码锁的开启方式

第一次对码：顺时针（向右）转动号码转盘，当密码号86第四次对准开启刻线时，停止转动。

第二次对码：逆时针（向左）转动号码转盘，当密码号53第三次对准开启刻线时，停止转动。

第三次对码：顺时针（向右）转动号码转盘，当密码号72第二次对准开启刻线时，停止转动。

第四次对码：逆时针（向左）转动号码转盘，当密码号25第一次对准开启刻线时，停止转动（如图3－3所示）。

这时密码锁已被开启。注意事项：转动号码转盘时，每次对码不能忽左忽右转动，也不能多转少转圈数。如有失误，必须重新开始对码操作。不要随便拆卸密码锁，如需更改密码，须与专业售后服务人员联系。

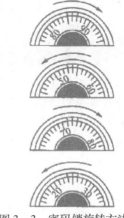

图3－3　密码锁旋转方法

（2）使用钥匙。钥匙伸入锁孔内右旋（或左旋）开锁。

（3）拉动手柄。扭动手柄外拉打开柜门。

2. 电子式保险柜的开启

（1）准备工作。用机械应急或电子应急的方式打开柜门；将门背后的电池盖打开，装入电池；保险柜出厂时一般已设置了出厂密码（如：1234），装上电池后即可使用出厂密码开门。

（2）个人密码设置与更改。按住"#"字键，显示屏点亮，并显示"－－－－－－"时，输入原始出厂密码或个人开启密码后，再按"#"字键确认，听到蜂鸣器"滴滴"响两三声，显示"Open"字样并点亮显示屏，表示密码正确。

在短时间内按住"※"字键，进入密码修改状态，同时显示"－－－－－－"，任意输入4至8位密码后，按"#"字键确认，表示密码设置或修改成功。

新的个人密码设置成功后，密码被储存，以后可按该密码打开柜门。

（3）开启。插入保险柜的主钥匙；输入用户密码，显示屏会显示输入的数字（或者显示＊）；按"Prong"或者"#"键（见各产品说明书），此时密码锁开启完毕。四位数码对号完成后，将钥匙伸入锁孔内右旋（或左旋）开锁，扭动手柄外拉即可打开柜门。

三、保险柜的关闭

（1）闭合门板，转动手柄到关闭状态；

（2）任意转动密码盘（若是电子式保险柜，则无须此步骤）；

（3）扭动钥匙到闭合状态，抽出钥匙。

【案例分析】

连续3次输入错误密码，保险柜会发出持续约1分钟的报警声，自动停止报警后，按"#"字键输入正确密码后，保险柜门会打开。出纳对自己保管使用的保险柜密码要严格保密，不得向他人泄露，输入密码开启柜门时，需用另一只手遮挡密码，以防其他人看见而获得密码。开启保险柜后要及时上锁，不得在保险柜未上锁前远离保险柜或者做其他工作。出纳调离岗位后，新出纳应及时更改密码。

【知识链接】

　　保险柜只能由出纳开启使用，其他人员不得开启保险柜。如果单位主管和财务经理需要对出纳工作进行检查，如检查库存现金限额、核对实际库存现金数额等，应由出纳开启保险柜清盘，财务经理或其指定人员在旁监盘。特殊情况下，如出纳出现意外不能来上班，公司又急需开启保险柜使用时，应按规定的程序由财务经理开启，并做好相应的备案工作。

任务3-2　保险柜内物品存放

【案例导入】

　　陈艳最近外出旅游购买了一条项链，非常喜欢，放在自己租住的房子里怕被盗。想了想，单位里的保险柜就是自己一个人使用的，于是，将项链存放在公司的保险柜里了。你认为陈艳的做法对吗？

一、保险柜保管物品种类

　　每天下班后，出纳应将其使用的空白支票（包括现金支票和转账支票）、银钱收据、印章等放入保险柜内。保险柜内存放的现金应设置和登记现金日记账，其他有价证券、存折、票据等应按种类造册登记，贵重物品应按种类设置备查簿登记其质量、重量、金额等，所有财物应与账簿记录核对相符。但必须注意的是，支票不能和银行预留的所有印鉴一同存放在保险柜内。

二、保险柜内物品摆放要求

　　保险柜内的物品摆放，一般把票据和单证放在最上层，现金放在最下层。现金要分币种整齐放好，如果同一币种的现金较多，最好按一定的数量（如100张）为一叠捆扎好再摆放；硬币可用一个小铁罐来装。这样摆放保险柜内的物品就比较整齐美观，取放方便，有利于每日的清点和上级部门的检查。

【案例分析】

　　保险柜是单位配备，专门存放现金、各种有价证券、银行票据、印章及其他出纳票据的工具，按规定一般不能存放出纳的私人物品。

【知识链接】

保险柜被盗的处理

出纳发现保险柜被盗后应保护好现场，迅速报告公安机关（或保卫部门），待公安机关勘查现场时才能清理财物被盗情况。节假日满两天以上或出纳离开两天以上没有派人代其工作的，应在保险柜锁孔处贴上封条，出纳员到位工作时揭封。如发现封条被撕掉或锁孔处被弄坏，应迅速向公安机关或保卫部门报告，以使公安机关或保卫部门及时查清情况，防止不法分子进一步作案。

【模块知识小结】

　　本模块主要介绍了点验钞票、票据使用与管理、保险柜的使用等出纳应掌握的基础技能。在学习过程中，要配备相应的工具，如点钞练功券、点钞机、保险柜、各类空白票据等，让学生能根据学习的内容进行及时的训练。

模块二 现金业务

【学习目标】

1. 熟练掌握现金收款业务的办理；
2. 熟练掌握存现业务的办理；
3. 熟练掌握报销业务的办理；
4. 熟练掌握借款、还款业务的办理；
5. 根据当天业务登记现金日记账。

项目四 现金收款业务

任务 4 - 1 现金使用规定

【案例导入】

单位每天都有很多员工过来财务部报销，出纳陈艳每星期都要到工商银行提取现金 4 万元作为备用金，提现金时单位还要派专车专人陪她去。所以陈艳觉得很麻烦，向领导提出建议，说一次性提 16 万元回来，可以用一个月，更省事。她的建议遭到了领导的批评，为什么？

现金又称库存现金，是指存放在单位财会部门并由出纳保管的作为零星开支的现款。由于现金是交换和流通的手段，可当作财富来储藏；其流动性又强，最容易被挪用和侵吞。因此，必须建立一套完善而严密的现金管理制度。

一、现金管理规定

1. 现金使用范围

（1）职工工资、各种工资性津贴。

（2）个人劳动报酬，包括稿费和讲课费及其他专门工作报酬。

（3）支付给个人的各种奖金，包括根据国家规定发给个人的科学技术、文化艺术、体育等各种奖金。

（4）各种劳保、福利费用以及国家规定的对个人的其他现金支出。

（5）向个人收购农副产品和其他物资的价款。

（6）出差人员必须随身携带的差旅费。

（7）结算起点（1000 元）以下的零星开支。

（8）中国人民银行确定需要支付现金的其他支出。

按照以上现金使用范围的规定，在银行开户的单位，只有在下列范围内才能收受现金，其他收入则一律通过银行办理结算：

（1）剩余差旅费和归还备用金等个人的交款。

（2）对个人或不能转账的集体单位的销售收入。

（3）不足转账起点（1000 元）的小额收款，如小额销售收入。

2. 库存现金限额的管理

库存现金限额是指为保证各单位日常零星开支需要，经开户银行核定允许留存现金的最高数额。库存现金限额由单位提出计划，开户银行根据开户单位的实际需要和距离银行远近等情况核定，一般按照单位 3~5 天的日常零星开支所需现金确定。远离银行机构或交通不便的单位可依据实际情况适当放宽限额，但最高限额不得超过 15 天的日常零星开支。

核定库存现金限额的公式如下：

$$计算期库存现金限额 = 每日平均零星开支 × 核定天数$$

单位每日现金结存数不得超过核定的限额，超过部分应及时送存银行；不足限额时，可签发现金支票到银行提取现金补足。单位如因业务发展变化需要增加库存现金限额或减少库存现金限额时，可向银行提出申请，由开户银行重新核定。

库存现金限额核定流程具体如下：

（1）开户单位与开户银行协商核定库存现金限额；

（2）开户单位填制"库存现金限额申请书"（如图 4-1 所示）；

库存现金限额申请书（1）

申请单位： 开户银行：				单位：无 账号：
每日必须保留现金支付项目	保留现金支出理由	申请金额	批准金额	备注
职工薪酬				
材料采购				
其他支出				
合　计				
申请单位： 盖章 年　月　日	主管部门意见： 盖章 年　月　日		银行意见： 盖章 年　月　日	

图 4-1　库存现金限额申请书（空白）

（3）开户单位将申请书报送单位主管部门，经主管部门签署意见，再报开户银行审查批准，开户单位凭开户银行批准的限额数作为库存现金限额（如图 4-2 所示）。

库存现金限额申请书（2）

申请单位：兴华服装有限责任公司		单位：元		
开户银行：工商银行南湖支行		帐号：80095762315338		

每日必须保留现金支付项目	保留现金支出理由	申请金额	批准金额	备注
职工薪酬	每年预计现金支付工资 3600000元	30000	30000	
材料采购	每年预计零星采购现金支付 900000元	7500	7500	
其他支出	每年预计其他现金支出 1800000元	15000	15000	
合　计	与银行商定现金保留天数为3天	52500	52500	
申请单位：（盖章）	主管部门意见：　　　　盖章　　　年 月 日		银行意见：（盖章）　　　年 月 日	

图4-2　库存现金限额申请书（填写完整）

3. 日常现金收支的管理

（1）单位收到现金收入应当于当日送存开户银行，向银行送存的现金必须在"现金缴款单"上注明来源。

（2）单位签发现金支票，从开户银行提取现金，应当写明用途，不准编造和谎报用途套取现金，并由本单位财会部门负责人签字盖章（此章应为预留银行印鉴之一），经开户银行审核后，方能支取现金。

（3）单位支付现金，可以从本单位的库存现金限额中支付或从开户银行提取，不得从本单位的现金收入中直接支付（坐支）。也就是说，本单位取得现金收入要及时存入银行，不能直接用于现金的支付。因特殊情况需要坐支现金的，应当事先报经开户银行审核批准，由开户银行核定坐支范围和限额。坐支单位必须在现金账上如实反映坐支金额，并定期向开户银行报送坐支金额和使用情况。

（4）因采购地点不确定、交通不便、抢险救灾以及其他特殊情况，办理转账结算不够方便，必须使用现金的开户单位，要向开户银行提出书面申请，由本单位财务部门负责人签字盖章，开户银行审查批准后，予以支付现金。

（5）不准用不符合财务制度的凭证顶替库存现金。

（6）不准单位之间相互借用现金。

（7）不准将单位收入的现金以个人名义存入储蓄，不准保留账外公款（即小金库）。

（8）禁止发行变相货币，不准以任何票券代替人民币在市场上流通。

单位应严格遵守《中华人民共和国现金管理条例》，如有违犯，开户银行有权责令其停止违法活动，并根据情节轻重给予警告或罚款。

【案例分析】

由于现金流动性强，最容易被挪用和侵吞，因此，必须建立一套完善而严密的现金管理制度。现金限额一般按照单位3～5天的日常零星开支所需现金确定。所以陈艳不能因为麻烦而建议一次性提太多现金放在单位，这样也会增加被盗风险。

任务4-2　现金收款流程

【案例导入】

> 出纳陈艳今天收到对方单位交来的押金9000元，给对方开了一张收款收据，但在填写金额时不小心写成了90000元。事后陈艳赶紧给对方单位打电话主动道歉，并叫对方把错误的收款收据送回来，然后再开了一张正确的收据给对方。此事受到了领导的批评，要求陈艳以后做事要细心谨慎，以免受损失。

在收取现金时，出纳员应查看收款依据是否齐备，审核现金来源是否合理合法，并当面收付两清，然后填写收款收据或现金收入凭证，并在收款收据上加盖"现金收讫"印鉴。具体业务流程如图4-3所示。

图4-3　现金收款业务流程

一、确认收款依据

出纳办理现金收款业务时，必须先核实该业务的真实性、合法性，根据发票、协议等收款依据确认应收取的金额，如有错误则要求其改正或重办。

二、收取款项

点钞验钞时，要注意识别假币；如果收到残损币，应根据残损的情况做出准确处理。点验无误后应唱收"收您××元"。

三、开具证明

开具收款收据在出纳现金收款业务中经常发生，因此准确开具收据也是出纳必备的技能之一。

款项收取完毕，出纳应将现金及时放进保险柜中，并根据业务情况开具证明。

收据为企业内部自制单据，可以在会计用品店或税务部门购买，也可以由企业自行设计，再打印出来。实务中的收款收据比较多样化，格式、联次有所差异，但是要点和内容大同小异。现金收款收据的格式如图4-4所示。

收款收据一般为一式三联，用复写纸套写。第一联为存根；第二联为交款人回执，需加盖企业财务专用章；第三联作为本单位记账依据。

图 4-4 收款收据

【案例分析】

出纳处理现金业务时应高度谨慎，要有如履薄冰之心，要按照企业的现金制度去具体执行，任何的粗心大意都可能招致对企业对本人的重大损失。

项目五 现金存取业务

任务 5-1 取现业务

【案例导入】

出纳陈艳携带现金支票去银行取现，特地把现金支票放在大信封里面。在去银行的途中突然下起了小雨，雨水渗透进了信封，将现金支票的财务专用章弄模糊了。工商银行的工作人员拒绝了陈艳的取现请求，这张现金支票只能作废。

企业在日常经营活动中经常需要提取现金，取现的用途有很多种，如备用金、差旅费、发放工资和个人劳务报酬等。因而，取现业务是出纳日常业务中非常重要的一项，也是出纳必须熟练掌握的最重要的业务之一。

现金支票是专门制作的用于公司支取现金的一种票据。一般情况下，企业需要取款，不会用到银行卡，而应该使用现金支票。

一、取现流程

根据现金支票的使用规定及企业的具体情况，可以将取现的流程分为以下六个步骤（如图 5-1 所示）：

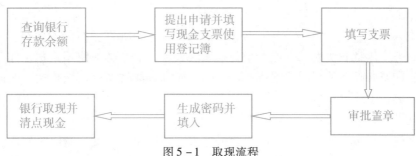

图5-1 取现流程

1. 查询银行存款余额

出纳发现库存现金余额不足或其他原因需要提取现金时，应先查询企业基本账户的存款余额（可以致电开户行或登录企业网上银行进行查询），确定银行存款余额大于要取现的金额，以防止开具空头支票，给公司造成不必要的损失。

企业开出的现金支票票面金额大于其银行存款余额的，称为"空头支票"，不仅取不到钱，还将被罚款。

2. 提出申请并填写现金支票使用登记簿

出纳使用现金支票取现前需要告知财务经理或者相关领导，向部门经理申请开具现金支票，并及时登记现金支票使用登记簿（如图5-2所示），记录的主要事项包括日期、支票号码、用途、金额、领用人、备注等，以保证现金支票信息及时被记录和跟踪。

现金支票使用登记簿

日期	购入支票号码	使用支票号码	领用人	金额	用途	备注
2014年1月12日		7153333	陈艳	20000	备用金	
2014年1月19日		7153334	陈艳	30000	备用金	
2014年1月26日		7153335	陈艳	30000	备用金	

图5-2 现金支票使用登记簿

3. 填写支票

现金支票必须使用签字笔或钢笔，按支票号码顺序填写，书写要认真，不能潦草，不能用红色、蓝色笔填写（如图5-3所示）。

图5-3 填写现金支票

4. 审批盖章

现金支票填好后，必须在支票上（正反两面）盖上企业在银行的预留印鉴。预留印鉴可以是财务专用章和法人章，或者是公章和法人章，盖章必须使用跟预留印鉴颜色一样的印泥，印章必须清晰。很多银行规定，印章模糊只能将本张支票作废，实际操作中可咨询一下银行工作人员。

5. 生成密码并填入

银行在受理现金支票取现业务时，会根据银行预留印鉴及支付密码来判断是否将款项交由持票人。因此，出纳在办理取现业务时，最好将生成的支付密码记录在其他地方，等到了银行柜台后再填入密码，这样就可以防止不必要的损失。

支付密码是银行为进一步加强票据风险控制而设置的最后一道防线，只有在支票上填写的密码与银行的数据一样，银行才会付款。获取支付密码需要支付密码器。支付密码器由企事业单位等存款人向其开户银行购买，按银行要求签订使用协议，然后按支付密码器的使用说明加载账号才可使用。

一般在购买支付密码器时，都有配套的使用说明书，按照说明书的要求一步一步进行操作，就可以学会支付密码器的使用方法。具体的操作方法如下：

（1）打开支付密码器，进入操作界面，出纳办理业务时应该选择签发人（如图 5 - 4 所示）。

图 5 - 4　选择签发人

（2）选择操作人登录（如图 5 - 5 所示），并输入操作人员的登录密码（如图 5 - 6 所示）。

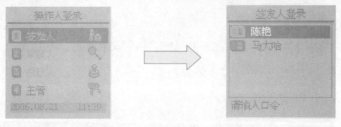

图 5 - 5　选择操作人登录

图 5 - 6　输入登录密码

（3）登录之后，选择相应的操作，办理业务时选择"签发凭证"，查询以前的操作选择"历史记录"，修改密码选择"修改口令"（如图 5-7 所示）。

图 5-7 选择相应的操作

（4）进入签发凭证界面后，支付密码器会提示操作人选择签发人账号，即自己单位的账号，这时出纳需要选择进行结算的账号，页面显示不全时，可通过上翻（↑）和下翻（↓）键来查找相应的账号（如图 5-8 所示）。

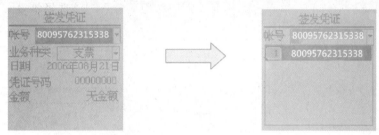

图 5-8 选择签发人账号

（5）选择好相应的账号后单击"确定"，这时操作界面会提示要进行操作的业务，如使用现金支票和转账支票选择"支票"，使用电汇选择"汇兑凭证"（如图 5-9 所示）。

图 5-9 选择要操作的业务

（6）选择好业务种类后，操作界面会提示输入相应的凭证号码、日期和金额等信息，出纳按要求输入（如图 5-10 所示）并确认后，操作界面便会生成支付密码（如图 5-11 所示）。

图 5 – 10　输入凭证数据

图 5 – 11　生成支付密码

（7）将 16 位支付密码从左至右填写在支票上（如图 5 – 12 所示）。

图 5 – 12　现金支票（有密码）

（8）按"确认"键返回到"签发功能选择"菜单，可以继续编辑下一张凭证密码。按"返回"键可返回到"操作人登录"菜单。

6. 银行取现并清点现金

前 5 个步骤操作完成后，出纳应将支票存根撕下留在企业，作为后期会计做账的依据，只需要将正联带到银行即可。到达银行后，应将支付密码填入现金支票密码栏，再进行取现。

出纳收到现金时，应当场核对金额，至少点钞两遍，并对现金真伪进行检验，确认无误后妥善收存。取现返回公司过程中要小心谨慎，注意安全，若取现金额较大，可以申请由同事陪同。

【案例分析】

现金支票预留印鉴可以是财务专用章和法人章，或者是公章和法人章，盖章必须使用跟预留印鉴颜色一样的印泥，印章必须清晰。很多银行规定，印章模糊只能将本张支票作废。

任务5-2　现金缴存业务

【案例导入】

　　出纳陈艳今天收到 5 万元的现金收入，于是她向领导建议，这 5 万元今天就不要缴存银行了，干脆直接放在保险柜里面，下周就不用专门去工商银行跑一趟取现了，大家也可以轻松一点。领导又是给陈艳一顿批评和教育。

　　出纳到银行存现的流程如图 5-13 所示。

图 5-13　存现流程

一、整理现金

　　出纳在将现金送存银行之前，应对送存现金进行分类整理。整理方法为：纸币应按照票面额（券别）分别整理。纸币可分为主币和辅币，主币包括 100 元、50 元、20 元、10元、5 元、1 元，辅币包括 5 角、2 角、1 角。出纳人员应将各种纸币打开铺平，然后按币别每 100 张为一把，用捆钞绳或橡皮筋扎好，每 10 把扎成一捆。铸币包括 1 元、5 角、1角。铸币也应按币别整理，同一币别每 50 枚为一卷，用纸包紧卷好，每 10 卷为一捆。不满 50 枚的硬币，用纸包好另行放好。残缺破损的纸币和已经穿孔、裂口、破缺、压薄、变形及数字模糊不清的铸币，应单独剔出，另行包装，整理方法与前同。

二、填写存款凭证

　　现金整理完后，出纳应根据整理后的金额填写现金缴款单，现金缴款单一般一式两联：第一联为回单，由银行签章后作为送款单位的记账依据；第二联由银行出纳留存作为底联备查。出纳在填写现金缴款单时，要按格式规定如实填写有关内容，包括收款单位名称、款项来源、开户银行、缴款日期、账号、缴款金额的大小写及各券别的数量等。将现金与现金缴款单一并交银行收款，银行核对后加盖"现金收讫"章（如图 5-14 所示）。

中国工商银行现金交款单（回单）

2013 年 10 月 15 日　　　　　　　　第 0001 号

收款单位	全称	兴华服装有限责任公司			款项来源	工作服款										
	账号	80095762315338	开户银行	工商银行南湖支行	交款人	陈艳										
人民币（大写）壹佰肆拾壹元陆角整						百	十	万	千	百	十	元	角	分
									￥	1	4	1	6	0
辅币	券别	伍角	贰角	壹角	伍分	贰分	壹分						
	张数			6张									
主币	券别	伍拾元	贰拾元	壹拾元	伍元	贰元	壹元	收款员		复核员
	张数	1张	1张	5张	2张	-	11张			

图 5 – 14　现金缴款单

三、收回存款回单

将盖有银行"现金收讫"章的缴款单第一联取回，经财务主管审核后，会计据以填制记账凭证。

【案例分析】

根据《现金管理条例》，开户单位收入现金应于当日送存开户银行，不得从本单位的现金收入中直接支出（即坐支）。当天现金及时送存银行是法律规定，超过公司财务制度规定限额的现金必须存入银行，更是为单位内部自己安全考虑。

项目六　员工借款与报销业务

任务 6 – 1　员工借款业务

【案例导入】

董事长司机小郭找出纳陈艳借款，说："我要陪董事长去招待客户，但我身上的钱不够，先找你借 5000 元。"说完还打了一张欠条，上面写着"预借招待费 5000 元"。陈艳见小郭这样说，怕耽误他们，就收了借条，把钱给了他。财务主管后来发现了这事，批评了陈艳一顿："你这是典型的白条抵库，是严重的违规行为。"

一、借款制度

1. 借款的范围

（1）职工因公出差需要借支的款项；

（2）业务员零星采购所需的款项；

（3）经财务部门核准可周转使用的周转金、备用金；

（4）其他因业务需用必须预借现金的款项。

2. 借款的限额

（1）因公出差人员借款限额，按预计出差天数及标准核定。车船票、飞机票按预计金额借款；住宿费、补助费按每人一定限额借款（具体根据不同企业实际情况核定，例如每天 100 元）；如有特殊原因需增加款项时，应在借款单上阐明理由。

（2）零星物资采购，按计划金额借款。

（3）周转金、备用金的限额，按财务部核定的数额借款。

（4）其他借款应根据实际情况填写借款单，不得多借。

二、借款的流程

借款时，一般由借款人填写借款单，并按企业规定办理相关的审核审批手续，然后交由出纳付款。借款人必须把借款单的填写要素填写完整并办好审批手续，然后将借款单提交给出纳付款（如图 6-1 所示）。实务中，出纳的工作重点在审核付款和登记台账。

填写借款单　审核付款　借款的归还

图 6-1　借款的流程

1. 填写借款单

职工借款需办理如下手续：借款人按借款限额填写"现金借款单"（如图 6-2 所示），并签名、盖章；借款人所在部门负责人签署意见；公司负责人批示；财务负责人审批。

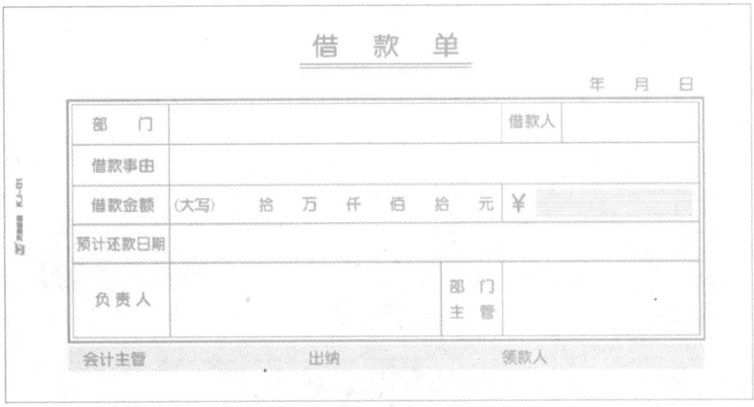

借　款　单

年　月　日

部　门		借款人	
借款事由			
借款金额	（大写）　　拾　万　仟　佰　拾　元	¥	
预计还款日期			
负责人		部门主管	
会计主管	出纳	领款人	

图 6-2　借款单（空白）

2. 审核付款

借款人员根据签字手续齐全的"现金借款单"到财务部门办理借款（如图6-3所示），经审核人员审核后由出纳支付现金。职工借款必须按规定办理借款手续，并严格按限额借款，否则财务部门不得付款。

图6-3 借款单（填制完整）

3. 借款的归还

（1）归还借款的有关规定：①职工出差返回及零星采购结束后，必须及时到财务部门办理报销手续，并结清欠款。②会计人员应根据借款申请严格审核报销凭单，对不符合借款申请用途的票据不予报销，一切后果由责任人承担。③职工借款的归还期限。出差借款自最后一天的住宿日期或回公司所在地的车船票日期算起，在10日内，到财务部门办理报销及还款手续；零星采购以购货发票日期为准，在10日内，到财务部门办理报销及还款手续；职工借款的归还实行逐笔结清的办法，已发生借款尚未结清者，一律不准再发生新的借款。

（2）具体还款程序：①借款人将手续齐全的现金报销单据交财务部门，由稽核员审核无误后交现金出纳办理现金付讫手续；②借款人足额归还借款时，出纳将现金清点无误，与借款单存根核对相符后，开具现金收讫凭证作为借款人归还借款的依据（如图6-4所示）。

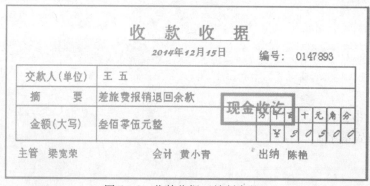

图6-4 收款收据（填制完整）

【案例分析】

出纳不仅很难管理白条借款，而且退还白条后，就没有发生该业务的证明，这些都不符合公司资金管理的要求。为了避免"白条抵库"的现象，出纳不仅要严格按照企业的财务制度审核借款单。对于不符合规定的借款单，不予办理，而且在每天下班前应将当天办理的借款单交接给会计。

任务6-2 员工报销业务

【案例导入】

> 销售小张来财务部找陈艳报销差旅费，各项填写及审批手续都很完整，但出纳陈艳在审核后附发票时发现有一张发票上付款单位全称写的不是本单位，另外还有一张是假发票，因此拒绝报销。财务主管知道后，夸奖陈艳工作认真细心。

一、一般费用的报销程序

（1）各部门或下属单位的经办人填写各项费用报销单（如图6-5所示），并由该部门或单位负责人签字和盖章。

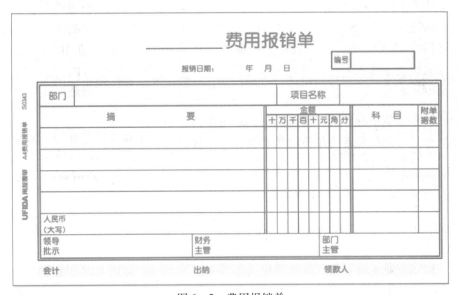

图6-5 费用报销单

（2）由会计人员对报销单所附的各项原始凭证的真实性、完整性、合法性和合规性进行审核后签字盖章（如图6-6所示）。

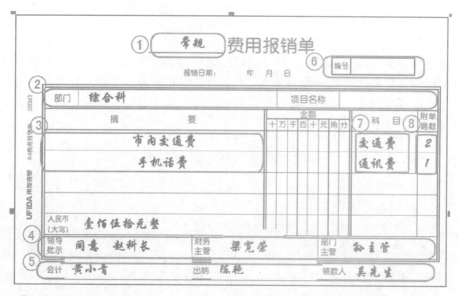

① 预留抬头书写区域
② 按部门或项目管理费用
③ 超大摘要书写区，便于详细书写
④ 费用按级审批
⑤ 经办人签名区域

⑥ 预留单据独立编号区域
⑦ 可按科目进行费用划分
⑧ 预留附带单据数量填写区，方便填写附带单据数量，以便查找

图 6-6　常规费用报销单

（3）授权批准权限对报销单进行批准控制，一般情况下必须由单位的两位负责人联签批准。

（4）出纳根据上述审核批准后的报销单报销。

（5）单位各部门和下属单位报销金额在一定数额（各个单位自行规定）以上时，应当提前一天向单位出纳人员预约；否则，不予以报销。

二、单位职工差旅费报销程序

一般情况下，职工出差归来，应当在规定的时间内报销差旅费，逾期报销必须说明理由并由单位领导批准。

（1）由出差职工填写差旅费报销单（如图 6-7 所示），并附上批准出差的文件和出差的各种有效会计凭证。

（2）由会计主管对报销单所附的各项原始凭证的真实性、完整性、合法性和合规性进行审核后签字盖章。

（3）由财务部负责人和单位领导批准并签字、盖章。

（4）出纳根据上述审核无误的报销单进行报销，支付现金或收回多余现金，开具收款收据（如图 6-8 所示）。

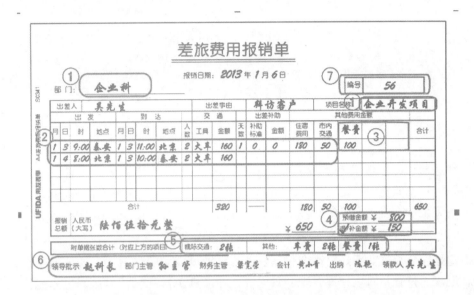

① 按部门或项目管理费用

② 包含出发时间、出发地点、到达时间、到达地点、交通工具、人数、天数、交通费用、补助标准等全部信息

③ 预留空白项目区，以满足其他费用填写需求

④ 预留借款、退/补款金额区域

⑤ 预留原始票据记录区域，方便查找、核对

⑥ 费用按级审批，经办人签名区域

⑦ 预留单据独立编号区域

图 6-7 差旅费用报销单

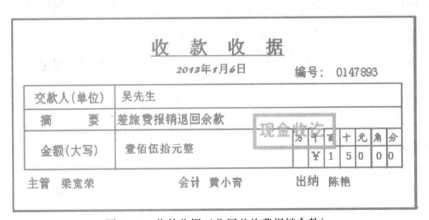

图 6-8 收款收据（收回差旅费报销余款）

【案例分析】

报销人员在报销单后所附的发票必须是开给本公司的，如果不是开给本公司的发票，一律不能报销。如果发现有假发票，也不能报销。

项目七 现金日清

任务7-1 现金日记账的登记

【案例导入】

出纳陈艳今天办理了不少现金收入和现金支出业务，感觉很充实。但第二天一上班，财务主管就问她："昨天的现金有没有确认无误？原始凭证有没有移交给会计？"陈艳一下子傻眼了，以为自己每天只要做好现金、银行的收付业务就已经完成工作了。

无论是现金收款业务还是现金付款业务，出纳员应做的最后一个环节就是登记库存现金日记账。只有及时登记库存现金日记账，才能真正做到日清月结，也才能保证现金的安全、完整，从而加强对现金的管理和监督，更合理地组织和使用现金，提高现金利用效率，同时为企业有关部门提供本单位现金全面系统的信息，并为编制会计报表提供准确的依据。

一、现金日记账的启用

1. 现金日记账的样式

出纳所经手的每一笔现金收支业务，都有相应的单据记录，例如支付报销费用时有对应的报销单、发票等单据。这些单据最后都要由出纳交给会计做账。如果出纳在单据交接出去后，想要了解当时的支付金额、报销人员等业务信息，就得找会计要凭证，而想要在一本本凭证中找到自己想要的凭证会很困难，因此出纳一定要有自己的一本流水账，这就是现金日记账（如图7-1所示）。现金日记账使用订本式账簿。

现金日记账

2013年		凭证编码			摘要	收入（借方）金额										付出（贷方）金额										借或贷	结存金额									
月	日	字	号	支票号		千	百	十	万	千	百	十	元	角	分	千	百	十	万	千	百	十	元	角	分		千	百	十	万	千	百	十	元	角	分

图7-1 现金日记账（空白）

2. 现金日记账的启用

启用账簿时应填写现金日记账扉页（如图7-2所示），并且要在账簿扉页上贴上印花税票（现在部分实施网上申报的企业多数在网上直接申报印花税，不在账簿上贴花）。

账簿启用及接交表

机构名称	兴华服装有限责任公司			印　　鉴	
账簿名称	现金日记账　　　（第 1 册）				
账簿编号	01				
账簿页数	本账簿共计 100 页	本账本页数\n俱成人是聋			
启用日期	公元　贰零壹叁　年　壹　月　壹　日				

经管人员	负　责　人		财务主管		复　核		出　纳	
	姓　名	盖章	姓　名	盖章	姓　名	盖章	姓　名	盖章
	张童	张童	黄小青	黄小青			陈艳	陈艳

接交记录	经管人员		接　管				交　出		
	职别	姓　名	年	月	日	盖章	年	月	日	盖章

备注	

图 7 - 2　现金日记账扉页

3. 现金日记账的建账

现金日记账的建账就是将上一年度结余的余额过渡到新的账簿上。

现金日记账启用后，应将旧账簿中的余额过渡到新启用的账簿中来，在新启用的现金日记账首页首行进行记录（如图 7 - 3 所示）。

现 金 日 记 账

2013年		凭证编码			摘要	收入（借方）金额										付出（贷方）金额										借或贷	结 存 金 额									
月	日	字	号	支票号		千	百	十	万	千	百	十	元	角	分	千	百	十	万	千	百	十	元	角	分		千	百	十	万	千	百	十	元	角	分
1	1				上年结转																					借			1	0	0	0	0	0	0	0

图 7 - 3　现金日记账（上年结转）

4. 现金日记账的保管

出纳登记完现金日记账后，应及时将账簿放入抽屉保管。除配合企业内外部查账、稽核等事项外，现金日记账一律不得外借，以防止财务信息泄露。

二、现金日记账的登记

出纳登记库存现金日记账时应按一定要求，不能随心所欲地登记。具体要求如下：

（1）出纳登记出纳账簿时，应将出纳凭证日期、编号、业务内容摘要、金额和其他有关资料逐项记入账内，做到数字准确、摘要清楚、登记及时、字迹工整。

（2）记账凭证登记完毕，出纳应在凭证上签名或盖章，并将登记账页的页码数填入记账凭证内有关行次，或在"记账符号"栏内打上"√"符号，表示此笔业务已经登记入账。

（3）账簿中书写的文字和数据适当留空，不要写满格或越格错位，书写文字应紧靠左线，书写数据应紧靠底线，字体大小一般应占格宽的1/2，空出行距上方约1/2 的位置，以便出现差错时按规定方法改错。

（4）登记账目需用蓝黑墨水笔或碳素墨水笔书写，不得用圆珠笔或铅笔书写，红色墨水笔只能在冲账、画线、改错时使用。

（5）账簿应按页次顺序连续登记，不得跳行、隔页，如果发生跳行、隔页，应将空行、空页画线注销，或者注明"此行空白"、"此页空白"字样，并由出纳加盖名章，以明确责任。

（6）出纳应按日结出余额，在"借或贷"栏内写明"借"或"贷"等字样，表明余额是在借方还是在贷方。如果没有余额应在"借或贷"栏内写明"平"字，并在余额栏内用"0"表示。

（7）账页登记完毕结转下页时，应结出本页合计数及余额，写在本页最后一行和次页第一行有关栏内，同时在"摘要"栏内分别注明"过次页"、"承前页"字样，表示衔接。

库存现金日记账的格式如图7-4所示。

现 金 日 记 账

2013年 月	日	字	号	支票号	摘要	收入（借方）金额	付出（贷方）金额	借或贷	结存金额
10	22				承前页	24470.00	12320.00	借	12150.00
10	23				张鹏报销交通车费		120.00	借	12030.00
10	23				孙莉莉交来货款	2000.00		借	14030.00
10	23				收到张国庆前欠款	1000.00		借	15030.00
10	23				李军报销差旅费		1500.00	借	13530.00
10	23				过次页	27470.00	13940.00	借	13530.00

图7-4　库存现金日记账

三、现金日记账更正方法

现金日记账出现差错时，必须根据差错的具体情况采用画线更正、红字更正、补充登记等方法更正。出纳在登记账簿时，填写的文字、数字不能超过行高的1/2，以备登记错误时用画线更正法进行修改操作（如图7-5所示）。

库存现金日记账

第 038 页

2013年 月	日	字	号	类	号码	摘要	收入（借方）金额	付出（贷方）金额	借或贷	结存金额
						承前页			借	4247562.15
10	20	付	1	现支	2011330	支付差旅费		10000.00	借	4237562.15
10	20	付	2	现支	2011331	...发薪		45000.00	借	4192562.15
10	19	付	3	转支	4038	办公用品费		320.00	借	4192242.15

图7-5　画线更正法

【案例分析】

为了及时地掌握现金收付和结余情况，现金日记账必须当日账务当日记录，并于当日结出余额。

任务7-2 现金的盘点与结账

【案例导入】

> 出纳陈艳每天登记完现金日记账后都忘记盘点现金，到月底盘点现金时发现库存现金与日记账上的金额不符。由于没有每天盘点现金，因此只能一笔笔重新核对，到最后虽然找到了原因，但也浪费了很多时间和精力，而且还受到了领导的批评。

一、现金清查业务办理

（1）出纳须自行先清点保险柜的库存现金两次：一方面确认金额，另一方面确认无假币。再将未入账的收付票据及时登账，这时再将盘点的现金和现金日记账的余额进行核对，保证无误后，最后进行结账（如图7-6所示）。

现金日记账

2013年		凭证编码			摘要	收入（借方）金额									付出（贷方）金额									借或贷	结存金额								
月	日	字	号	支票号		千	百	十	万	千	百	十	元	角	分	千	百	十	万	千	百	十	元	角	分		千	百	十	万	千	百	十	元	角	分
9	1				上月结转				4	6	3	0	0	0	0				4	6	0	0	0	0	0	借						3	0	0	0	0
	1	现付	1		张鹏报销交通车费																1	2	0	0	0	借						1	8	0	0	0
	1	现收			收到王五罚款						5	0	0	0	0											借						6	8	0	0	0
	1				本日合计						5	0	0	0	0						1	2	0	0	0	借						6	8	0	0	0

图7-6 结账

（2）清查小组当面清点库存现金。
（3）将清点的库存现金与当日现金日记账余额核对，编制"现金盘点报告表"。
（4）将"现金盘点报告表"转给会计填制"记账凭证"。
（5）出纳根据审核无误的"记账凭证"登记现金日记账。

二、现金盘点报告表的填写

现金盘点报告表的填写方法如下：
（1）盘点日期。填写盘点当天的年月日及具体的盘点时间。
（2）实存金额。填写实际清点的现金金额。
（3）账存金额。填写库存现金日记账的账面金额。
（4）盘盈（亏）数。如果账实相符则不填；如果账实不符，填写相应的栏目。
（5）处理意见。单位负责人填写处理意见并签名。
（6）核点。出纳签名。

（7）复点。清查小组中复点人员签名。

（8）监点。清查小组组长签名，一般为财务负责人。

现金盘点报告表的格式如图7-7所示。

现金盘点报告表

单位名称：兴华服装有限责任公司　　2014年12月5日

实存金额	帐存金额	实存账存对比		备注
		盘盈	盘亏	
2100	2000	100		记入"营业收入"
盘点人签章：　梁宽荣		出纳员签章：　　陈艳		

图7-7　现金盘点报告表

三、结账

每月月末，所有与现金收支相关的业务都登记入账后，须按规定在最后一笔经济业务记录下面通栏画单红线，结出本月发生额和余额，在"摘要"栏注明"本月合计"字样，在下面再通栏画单红线后继续记账，至每月月末均按上述方法做月度结账（如图7-8所示）；12月31日，除结记12月份的"本月合计"外，还需结记本年合计，确定出年度发生额和余额后，在"摘要"栏注明"本年合计"字样，在下面再通栏画双红线，表示封账，来年再采用新的现金日记账簿。年度终了结账后，现金日记账通常有余额，这时须将余额结转下年，并在"摘要"栏注明"结转下年"字样，在下一会计年度新建账簿的第一页第一行"余额"栏填写上年结转的余额，并在"摘要"栏注明"上年结转"字样，"年月日"栏必须填写新年的1月1日。

现 金 日 记 账

2013年		凭证编码			摘要	收入（借方）金额	付出（贷方）金额	借或贷	结存金额
月	日	字	号	支票号		千百十万千百十元角分	千百十万千百十元角分		千百十万千百十元角分
9	1				上月结转	4 6 3 0 0 0 0	4 6 0 0 0 0 0	借	3 0 0 0 0
	1	现付	1		张鹏报销交通车费		1 2 0 0 0	借	1 8 0 0 0
	15	现收	1		孙莉莉交来货款	2 0 0 0 0 0		借	2 1 8 0 0 0
	20	现收	2		收到张国庆前欠款	1 0 0 0 0 0		借	3 1 8 0 0 0
	30	现付	2		李军报销差旅费		1 5 0 0 0 0	借	1 6 8 0 0 0
	30				本月合计	3 0 0 0 0 0	1 6 2 0 0 0	借	1 6 8 0 0 0

图7-8　现金日记账（结账）

【案例分析】

账实核对是将盘点的现金和现金日记账的余额进行核对，保证无误。若两者有误差，出纳需马上查找原因，是现金盘点的错误还是现金日记账登记错误，或是因为出纳的工作失误导致现金盘亏或盘盈，还是其他原因，然后进行处理。

任务7-3 单据的移交

【案例导入】

> 出纳陈艳下班前将现金日记账登记完毕，盘点现金后确认账实相符。此时会计黄小青要求陈艳将当时办理收付的单据给她，以便做账。陈艳将当时的凭证交给会计黄小青后就下班了。第二天下班后，会计黄小青跟陈艳说昨天的凭证还没给她，可是陈艳说昨天已经给了，两人争执了起来，最后闹到财务主管处。因陈艳将凭证交给黄小青没有任何的证明，财务主管认为是出纳的过错，陈艳有口难言。

出纳付款的凭证是付款的证明，对出纳而言，这些凭证就跟现金一样，一旦丢失，如果没办法补办，那就很可能要自己承担相应金额的赔偿责任。为了减少因丢失凭证而发生的损失，降低赔偿风险，出纳应及时把相关的付款凭证交接给会计。

为了分清责任，出纳应在交接时编制一式两联的单据交接表（如图7-9所示），简要记录交接单据的信息。

出纳单据交接表

2014年

月	日	出纳编号	现金/存款	摘要	个人/部门	经办人	收入金额	支出金额
6	12	现付006	现金	王五报销办公费	行政部	王五		500
6	12	现收007	现金	李洋交来的罚款	个人	李洋	100	
				本日合计：			100	500

会计：黄小青　　　　　　　　　　出纳：　　陈艳

图7-9 出纳单据交接表

单据交接表的格式可以根据公司的要求进行设置，必须涵盖当时收支的业务及金额。对于每天收支比较多的单位，出纳每天均需编制出纳日报，即将当日的现金收支情况、银行存款收支情况进行详细的说明；也有的单位用出纳日报来代替单据交接表。但是出纳在将凭证交给会计时，必须双方确认签字后移交，以保证权责分明。交接完毕，出纳应妥善保管单据交接表。

【案例分析】

在实务中，并不是每一天都要办理单据移交手续，应根据公司规模大小、业务繁简等情况而定。如果公司规模较小、业务不频繁，单据也可以几天移交一次，但是出纳一定要将单据保管好，以免丢失。

【模块知识小结】

　　本模块主要介绍了涉及现金的主要业务，包括现金的使用规定、现金的收付业务、员工的借款及报销、现金日记账的登记、现金盘点清查等内容。在学习过程中，要注意库存现金额的核定标准，不能坐支现金。同时，涉及现金业务的有关凭证的填写、印鉴的使用等要注意完整和规范。

模块三　银行业务

【学习目标】

1. 掌握银行结算账户的类型和特点；
2. 掌握银行账户的开设和管理；
3. 熟练掌握支票、本票的使用；
4. 熟练掌握汇兑银行汇票和商业汇票的结算；
5. 熟练掌握委托收款和托收承付等结算方式；
6. 熟练掌握银行存款日记账的登记、对账和结账；
7. 熟练掌握银行存款余额调节表的编制。

【案例导入】

公司现准备开设一间分公司，要招聘一名新的出纳，最后在应届高职院校会计专业中招到一名毕业生高芬。那么，高芬该如何为分公司开设和管理银行的账户？面对众多的银行结算业务，她该如何选择结算方法和办理业务？

项目八　银行账户

任务 8 - 1　银行账户的类型

【案例导入】

公司在中国工商银行开立了基本存款账户，但有很多客户和供应商的开户行是中国银行和建设银行，相互间跨行转账的时间长，还需要支付手续费。

以上这种情况，有没有更好的办法可以解决呢？公司可以开设多个账户吗？如何管理多个账户？相互之间又如何进行结算？

一、银行账户的概念

根据《银行账户管理办法》的规定，人民币银行结算账户（以下简称"银行账户"）是指银行为存款人开立的用于办理现金存取、转账结算等资金收付活动的人民币活期存款账户。它是存款人办理存、贷款和资金收付活动的基础。

按照存款人的不同，银行账户可分为单位银行账户和个人银行账户。单位银行账户是指存款人以单位名称开立的银行账户，个体工商户凭营业执照以字号或经营者姓名开立的银行结算账户纳入单位银行结算账户管理。

二、银行账户的分类

根据我国《银行账户管理办法》，单位银行账户按用途不同一般可分为基本存款账户、一般存款账户、临时存款账户和专用存款账户四种（如图 8-1 所示）。

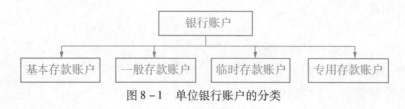

图 8-1 单位银行账户的分类

1. 基本存款账户

基本存款账户是指存款人办理日常转账结算和现金收付而开立的银行结算账户。基本存款账户是办理转账结算和现金收付的主办账户，经营活动的日常资金收付以及工资、奖金和现金的支取均可通过该账户办理。存款人需要在银行开立一个基本存款账户并且在其账户内应有足够的资金支付。存款人的基本存款账户实行人民银行当地分支机构核发开户许可证制度。

公司开立的基本存款账户只能有一个，它是开立其他银行结算账户的前提。

2. 一般存款账户

一般存款账户是存款人因借款或其他结算需要，在基本存款账户开户银行以外的银行营业机构开立的银行结算账户。

一般存款账户是针对跨行结算转账时间长、需支付跨行转账手续费等问题而开立的。

一般存款账户是存款人的辅助结算账户，借款转存、借款归还和其他结算的资金收付可通过该账户办理。该账户可以办理现金缴存，但不得办理现金支取。该账户开立数量没有限制。

3. 临时存款账户

临时存款账户是存款人因临时需要并在规定期限内使用而开立的银行结算账户。临时存款账户用于办理临时机构以及存款人临时经营活动发生的资金收付。

临时存款账户应根据有关开户证明文件确定的期限或存款人的需要确定其有效期限。存款人在账户的使用中需要延长期限的，应在有效期限内向开户银行提出申请，并由开户银行报中国人民银行当地分支行核准后办理延期。临时存款账户的有效期最长不得超过 2 年，如果临时存款账户在使用时需要延长期限，在有效期限内可以向开户银行提出申请延期。

最常见的临时存款账户就是企业成立时开立的验资户。由于验资是临时的行为，注资完毕后账户就没用途了，所以要在银行开立临时存款账户。当企业验资注册后，可以将临时存款账户直接转为基本存款账户。

4. 专用存款账户

专用存款账户是存款人按照法律、行政法规和规章，对其特定用途资金进行专项管理和使用而开立的银行结算账户。

开立专用存款账户的目的是保证特定用途的资金专款专用，并有利于监督管理。修订后的《银行账户管理办法》强调，只有法律、行政法规和规章规定要专户存储和使用的资金，才能纳入专用存款账户管理，如基本建设资金、更新改造资金、财政预算资金、住房基金、社会保障基金、单位银行卡备用金等。该办法缩小了纳入专用存款账户管理的资金范围。

【案例分析】

对于银行账户的类型及特点，我们可以用这首打油诗来解释：

用银行，先开户，四大家庭有来路；
基本户，中一处，收支存取无约束；
一般户，不限数，收付存款禁取出；
临时账户临时出，收存转取两年黜；
专用户，特别故，专款专用须记住。

【知识链接】

出纳遇到问题需要灵活处理，学会咨询。出纳可以直接向开户行的相关业务人员咨询，也可通过银行电话咨询。以下提供各大银行客服电话：

中国工商银行：95588

中国农业银行：95599

中国银行：95566

中国建设银行：95533

交通银行：95559

浦东发展银行：95528

广东发展银行：95508

深圳发展银行：95501

招商银行：95555

华夏银行：95577

光大银行：95585

中信银行：95558

中国民生银行：95568

兴业银行：95561

徽商银行：96588

任务 8 – 2 银行账户的开立

【案例导入】

公司在异地开设新的子公司，在办妥了相关的营业执照及税务登记等手续后，接下来需要开立银行账户。那么，选择哪家银行作为基本存款账户呢？如何到银行办理开户业务？

一、基本存款账户的开立

1. 开立基本存款账户的存款人资格

凡是具有民事权利能力和民事行为能力，并依法独立享有民事权利和承担民事义务的法人和其他组织，均可以开立基本存款账户。同时，有些单位虽然不是法人组织，但具有独立核算资格，有自主办理资金结算的需要，包括非法人企业、外国驻华机构、个体工商户、单位设立的独立核算的附属机构等，也可以开立基本存款账户。

非独立法人公司是指未取得工商行政管理部门颁发的"企业法人营业执照"，而只是取得"营业执照"的公司。

由于基本存款账户主要用于平时的存取业务，出纳人员需要经常办理，在选定开户银行时，应该考虑各家银行的特点和日后经济业务事项办理的方便性。

2. 开立基本存款账户需提供的资料

开立基本存款账户需提供如表 8 – 1 所示资料。

表 8 – 1 开立基本存款账户所需资料表

存款人类别	开户资料
企业法人	1. "企业法人营业执照"正本； 2. "地税登记证"正本； 3. "国税登记证"正本（可选）； 4. "组织机构代码证"正本； 5. 法人身份证件
非独立法人	1. "企业法人营业执照"或"个人独资企业营业执照"或"合伙企业营业执照"或"合伙企业分支机构营业执照"正本； 2. "地税登记证"正本； 3. "国税登记证"正本（可选）； 4. "组织机构代码证"正本； 5. 负责人身份证件。 如有上级法人或主管单位还需提供其上级法人或主管单位的下列材料： 1. "企业法人营业执照"或"事业法人单位登记证书"正本； 2. "地税登记证"正本； 3. "国税登记证"正本（可选）； 4. "组织机构代码证"正本； 5. 法人身份证件

二、一般存款账户的开立

1. 开立一般存款账户的资格

凡在基本存款账户以外的银行取得借款的单位和个人，或与基本存款账户的存款人不在同一地点的非独立核算单位，已开立基本存款账户的存款人都可以申请开立一般存款账户。

2. 开立一般存款账户需提供的资料

开立一般存款账户需提供如表8-2所示资料。

表8-2　开立一般存款账户所需资料

存款人类别	开户资料
企业法人	1. 基本存款账户开户规定的资料； 2. 基本存款账户开户许可证； 3. 因结算需要开立的有关证明或借款合同等（可选）
非独立法人	1. 基本存款账户开户规定的资料； 2. 基本存款账户开户许可证； 3. 因结算需要开立的有关证明或借款合同等（可选）

三、专用存款账户的开立

1. 开立专用存款账户的资格

对下列资金的管理与使用，存款人可以申请开立专用存款账户：

（1）基本建设资金；

（2）更新改造资金；

（3）财政预算外资金；

（4）粮、棉、油收购资金；

（5）证券交易结算资金；

（6）期货交易保证金；

（7）信托基金；

（8）金融机构存放同业资金；

（9）政策性房地产开发资金；

（10）单位银行卡备用金；

（11）住房基金；

（12）社会保障基金；

（13）收入汇缴资金和业务支出资金；

（14）党、团、工会设在单位的组织机构经费；

（15）其他需要专项管理和使用的资金。

2. 开立专用存款账户需提供的资料

开立专用存款账户需提供如表8-3所示资料。

表8-3 开立专用存款账户所需资料

存款人类别	开户资料
企业法人	1. 基本存款账户开户规定的资料； 2. 基本存款账户开户许可证； 3. 有关部门对资金需要专项管理和使用的法规、规章、批文或证明文件； 4. 存款人因其他结算需要开立的有关证明（可选）
非独立法人	1. 基本存款账户开户规定的资料； 2. 基本存款账户开户许可证； 3. 有关部门对资金需要专项管理和使用的法规、规章、批文或证明文件； 4. 存款人因其他结算需要开立的有关证明（可选）

四、临时存款账户的开立

1. 临时存款账户适用对象

企业有下列情况的，存款人可以申请开立临时存款账户：

（1）设立临时机构；

（2）异地临时经营活动；

（3）注册验资。

2. 开立临时存款账户需提供的资料

开立临时存款账户需提供如表8-4所示资料。

表8-4 开立临时存款账户所需资料表

存款人类别	开户资料
企业法人	1. 临时机构：驻在地主管部门设立批文； 2. 异地建筑及安装单位：施工合同、基本存款账户开户资料和基本存款账户开户许可证； 3. 临时经营：临时经营地工商行政管理部门批文、基本存款账户开户资料和基本存款账户开户许可证； 4. 注册验资：工商部门核发的"企业名称预先核准通知书"或有关部门批文； 5. 增资验资：股东会或董事会增资决议、基本存款账户开户资料和基本存款账户开户许可证
非独立法人	1. 临时机构：驻在地主管部门设立批文； 2. 异地建筑及安装单位：施工合同、基本存款账户开户资料和基本存款账户开户许可证； 3. 临时经营：临时经营地工商行政管理部门批文、基本存款账户开户资料和基本存款账户开户许可证； 4. 注册验资：工商部门核发的"企业名称预先核准通知书"或有关部门批文； 5. 增资验资：股东会或董事会增资决议、基本存款账户开户资料和基本存款账户开户许可证

五、开立银行结算账户的流程

企业申请开立单位银行账户时，应按照中国人民银行的规定填写开户申请书，然后将开户申请书以及相关的证明文件送交银行审核，待银行核准后，单位应与银行签订银行账户管理协议，并将盖有存款人印章的"印鉴卡片"送交银行留存，建立单位预留银行印鉴，经银行审核同意后由银行发出开户许可。

出纳作为银行与企业的沟通桥梁，应在开户前了解清楚开户需要提供的文件并将相关资料准备好。

1. 填写单位开户申请表

企业要在银行开立账户，必须向开户行提出申请，填写单位开户申请表（如图 8-2 所示），并加盖本单位公章。

××银行开户申请书

存款人名称			电话	
地址			邮编	
存款人类别	单位	组织机构代码		
法定代表人或单位负责人	姓名			
	证件种类		证件号码	
行业分类	A（　）B（　）C（　）D（　）E（　）F（　）G（　）H（　）I（　）J（　）K（　）L（　）M（　）N（　）O（　）P（　）Q（　）R（　）S（　）T（　）			
注册资金		地区代码		
经营范围				
证明文件种类		证明文件编号		
税务登记证（国税和地税）编号				
关联企业名称				
账户性质	基本（　）　　一般（　）　　专用（　）　　临时（　）			
资金性质	有效期至　　　　　　年　　月　　日			
以下为存款人上级法人或主管单位信息：				
上级法人或主管单位信息				
主管存款账户开户许可证核准号		组织机构代码		
法定代表人或单位负责人	姓名			
	证件种类			
	证件号码			
以下栏目由开户银行审核后填写：				
开户银行名称			开户银行代码	
账户名称			账号	
开户核准号			开户日期	
本存款人申请开立单位银行结算账户，并承诺所提供的开户资料真实、有效。 存款人（公章） 年　月　日	开户银行审核意见： 经办人（签章） 银行（签章） 年　月　日		人民银行审核意见：（非核准类账户除外） 经办人（签章） 人民银行（签章） 年　月　日	

图 8-2　开户申请表

2. 提交有关的证明文件

按任务 8 - 2 中不同账户类型列出的所需资料的详细情况提交。

3. 填制并提交印鉴卡片

开户单位在提交开户申请表和有关证明文件的同时，还应填写预留印鉴卡片。印鉴卡片上的户名、地址、电话号码要与申请表上的一致；在卡片上要加盖开户单位公章、单位负责人或财务机构负责人印章（如图 8 - 3 所示）。

××银行××分行××支行印鉴卡

户名			
地址		电话	
启用日期		年　　　月　　　日	
申请开户单位印鉴		××银行印鉴	
单位财务专用章		财务主管	签章
		出纳人员	签章
印鉴使用说明			

图 8 - 3　印鉴卡片

4. 开户银行审查

开户银行根据有关规定对开户单位提交的开户申请书、有关证明、印鉴卡片、会计人员的会计从业资格证书等文件进行审查。经人民银行审查同意后，银行确定账号并登记开户，颁发开户许可证（如图 8 - 4 所示）。

图 8 - 4　开户许可证

5. 购买银行结算凭证

开户手续完成后，出纳人员可根据业务需要购买各种结算凭证，如支票、银行进账单、电汇单和手续费单等。在购买时，开户单位在账户上的存款余额不得低于 1000 元人民币。

【案例分析】

选择哪间银行作为基本存款账户的开户行，一般要考虑以下几个因素：一是尽量选择距离公司比较近的银行；二是考虑银行的服务设施和项目，能否直接办理异地快速结算；三是银行的资金是否雄厚，提供贷款支持的力度有多大。

任务 8-3 银行账户的管理

【案例导入】

由于公司变更了法人，更改了营业执照和税务登记证，基本账户开户行要求公司在 5 天内到银行办理账户变更，财务主管梁宽荣要求出纳陈艳负责办理此事。那么，如何进行变更呢？需要准备哪些资料呢？

企业在银行开立的账户，需要按开户行的规定，定期进行年审，缴交年费。企业相关信息发生变更或注销，不但需要办理相关的工商和税务事项，还需要办理银行账户的相关变更手续，我们称之为银行账户的管理。

一、银行账户的使用规定和结算纪律

1. 银行结算账户的使用规定

（1）认真贯彻执行国家的政策、法令，遵守银行信贷、结算和现金管理的有关规定。银行检查时，开户单位应提供账户使用情况的有关资料。

（2）各单位在银行开立的账户，只供本单位业务经营范围内的资金收付，不许出租、出借及转让给其他单位或个人使用。

（3）各种收付款凭证，必须如实填明款项来源或用途，不得巧立名目、弄虚作假；不得套取现金、套购物资；严禁利用账户从事非法活动。

（4）各单位在银行账户上必须有足够的资金保证支付，不准签发空头的支款凭证和远期的支付凭证，不得骗取银行信用开具虚假付款凭证。

（5）正确、及时地记载银行的往来账务，并定期核对。发现不符，应及时与银行联系，查对清楚。

2. 银行结算纪律

根据《支付结算办法》及有关规定，单位和个人必须遵守的结算纪律可以归纳为"四不准"：

（1）不准套取银行信用，签发空头支票、印章与预留印鉴不符支票和远期支票；

（2）不准无理拒付，任意占用他人资金；

（3）不准利用多头开户转移资金、逃避债务；

（4）不准违反规定开立和使用账户。

这“四不准”要求单位和个人只准在银行账户余额内按照规定向收款单位和个人支付款项；对应该支付给其他单位的款项必须依约履行；遵守国家有关账户管理的规定，严守信用，信守合同等。

二、银行账户的变更

1. 变更的情况

凡是企业在开户时提交给银行的企业信息发生改变的，都要申请变更银行账户信息。具体信息如下：

（1）企业名称；

（2）企业法定代表人或主要负责人；

（3）基本存款账户；

（4）银行预留印鉴；

（5）公司地址等。

2. 变更的流程

出纳在办理银行账户变更时，其基本的流程为：

（1）到开户银行领取“变更银行结算账户申请书”（如图 8－5 所示）。

（2）将填写完整并加盖单位公章的申请书及变更所需的资料交给开户银行。

（3）银行审核通过，银行账户变更完成。

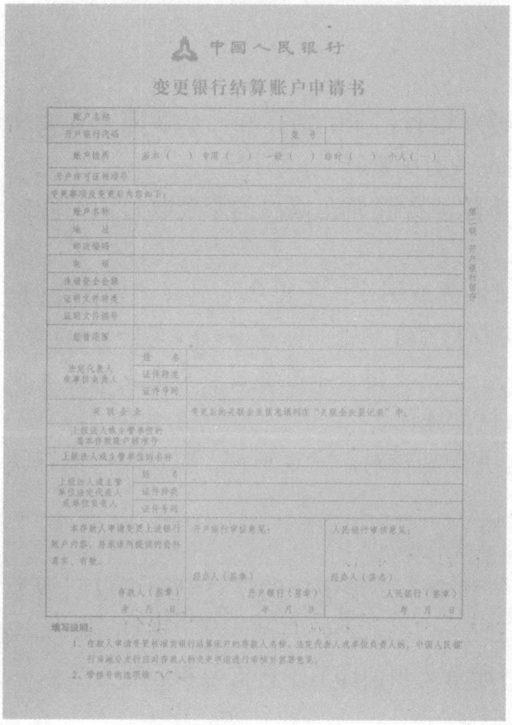

中国人民银行

变更银行结算账户申请书

账户名称			
开户银行代码		账号	
账户性质	基本（ ） 专用（ ） 一般（ ） 临时（ ） 个人（ ）		
开户许可证核准号			
变更事项及变更后内容如下：			
账户名称			
地址			
邮政编码			
电话			
注册资金金额			
证明文件种类			
证明文件编号			
经营范围			
法定代表人或单位负责人	姓名		
	证件种类		
	证件号码		
关联企业	变更后的关联企业信息填列在“关联企业登记表”中。		
上级法人或主管单位的基本存款账户核准号			
上级法人或主管单位的名称			
上级法人或主管单位法定代表人或单位负责人	姓名		
	证件种类		
	证件号码		
本存款人申请变更上述银行账户内容，并承诺所提供的资料真实、有效。 存款人（签章） 年 月 日	开户银行审核意见： 经办人（签章） 开户银行（签章） 年 月 日	人民银行审核意见： 经办人（签名） 人民银行（签章） 年 月 日	

第二联 [illegible]

填写说明：

1、存款人申请变更核准类银行结算账户的存款人名称、法定代表人或单位负责人的，中国人民银行当地分支行应对存款人的变更申请进行审核并签署意见。

2、带括号的选项填“√”。

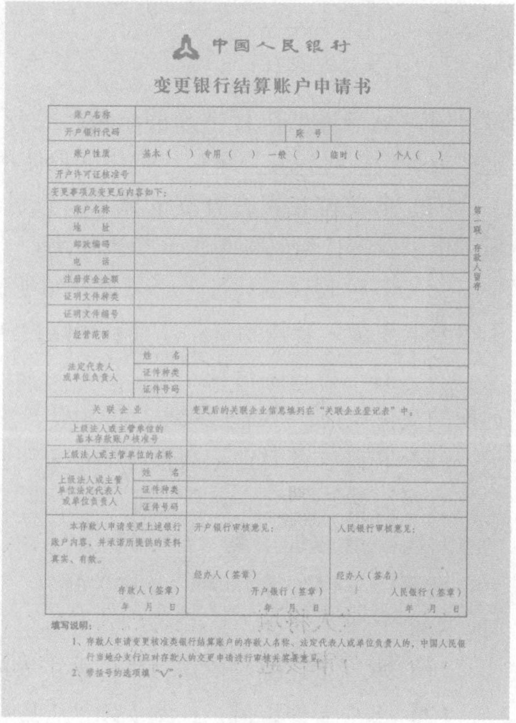

中国人民银行

变更银行结算账户申请书

账户名称			
开户银行代码		账号	
账户性质	基本（ ） 专用（ ） 一般（ ） 临时（ ） 个人（ ）		
开户许可证核准号			
变更事项及变更后内容如下：			
账户名称			
地址			
邮政编码			
电话			
注册资金金额			
证明文件种类			
证明文件编号			
经营范围			
法定代表人或单位负责人	姓名		
	证件种类		
	证件号码		
关联企业	变更后的关联企业信息填列在“关联企业登记表”中。		
上级法人或主管单位的基本存款账户核准号			
上级法人或主管单位的名称			
上级法人或主管单位法定代表人或单位负责人	姓名		
	证件种类		
	证件号码		
本存款人申请变更上述银行账户内容，并承诺所提供的资料真实、有效。 存款人（签章） 年 月 日	开户银行审核意见： 经办人（签章） 开户银行（签章） 年 月 日	人民银行审核意见： 经办人（签名） 人民银行（签章） 年 月 日	

第一联 存款人留存

填写说明：

1、存款人申请变更核准类银行结算账户的存款人名称、法定代表人或单位负责人的，中国人民银行当地分支行应对存款人的变更申请进行审核并签署意见。

2、带括号的选项填“√”。

图 8－5 变更银行结算账户申请书

三、银行账户的撤销与迁移

1. 撤销或迁移的情况

（1）被撤并、解散、宣告破产或关闭的；

（2）注销、被吊销营业执照的；

（3）因迁址需要变更开户银行的；

（4）其他原因需要撤销银行结算账户的。

一年没发生收付活动，银行应通知单位自发出通知之日起30日内办理销户手续，逾期视同自愿销户，未划转款项列入久悬未取专户管理。

2. 办理撤销和迁移的流程

出纳办理银行账户撤销时，其基本流程为：

（1）存款人到开户银行领取"撤销银行结算账户申请书"（如图8-6所示）。

撤销银行结算账户申请书

·№ 吉 0000XXXX

账 户 名 称			
开户银行名称			
开户银行代码		账　号	
账 户 性 质			
开户许可证核准号			
销 户 原 因			
本存款人申请撤销上述银行账户，承诺所提供的证明文件真实、有效。 　存款人（签章） 　　年　月　日		开户银行审核意见： 经办人（签章） 　　　开户银行（签章） 　年　月　日	

填表说明：

1. 本申请书一式三联，一联开户银行留存，一联中国人民银行当地分支行留存。

图8-6　撤销银行结算账户申请书

（2）存款人将填写完整并加盖单位公章的申请书及相关资料送交开户银行。

（3）银行审核通过，银行账户撤销完成。

3. 销户时应注意的事项

（1）存款人尚未清偿其开户银行债务的，不得申请撤销该账户。

（2）与开户银行核对银行结算账户存款余额，交回各种重要空白票据、结算凭证和开户登记证，银行核对无误后方可办理销户手续；未按规定交回的，应出具有关证明；造成损失的，由其自行承担。

（3）单位发生办公或经营地点搬迁时；应到银行办理迁移账户手续。

【案例分析】

公司的法人等基本资料发生变更，应尽快向银行申请变更申请，具体所需资料和手续办理过程，可以直接到开户行柜台咨询，也可以致电开户行或者登录银行网站查询。

【知识链接】

人民币银行结算账户业务操作规程

根据《人民币银行结算账户管理办法》、《人民币银行结算账户管理办法实施细则》的规定，存款人开立、变更、撤销核准类单位银行结算账户，程序如图8-7所示。

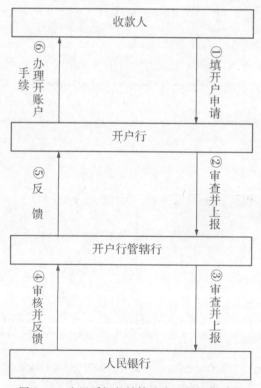

图8-7　人民币银行结算账户业务操作流程

一、开立

（一）存款人

开立基本存款账户、临时存款账户和预算单位专用存款账户的存款人，填写"开立单位银行结算账户申请书"，并提供相关开户资料原件和两套复印件，交开户银行。

（二）开户银行

开户银行审查开户申请书、相关证明文件等开户申请资料的真实性、完整性和合规性，符合条件的签署审查意见，并通过"人民币银行结算账户系统"录入相关账户信息；同时向其管辖行报送书面申请资料。

（三）管辖行

管辖行对开户银行报送的开户申请书、相关证明文件等开户申请资料的真实性、完整性和合规性进行审查。不符合条件的，退回开户银行；符合条件的，集中向人民银行报送相关申请资料。及时到人民银行取回人民银行核发的开户许可证、存款人密码及返还的账户申请书等资料。

（四）人民银行

人民银行对管辖行报送的开户申请书、相关证明文件等开户申请资料的合规性以及开立基本存款账户的唯一性进行审核，在2个工作日内做出核准决定。符合条件的核发"开户许可证"和存款人密码；不符合条件的，在"开户申请书"上签署意见，连同有关证明文件一并退回报送银行。

二、变更

（一）存款人

存款人申请变更核准类银行结算账户的存款人名称、法定代表人或主要负责人，但不改变开户银行及账号的，应于5个工作日内向开户银行提出申请，填写"变更银行结算账户申请书"，加盖单位公章，连同"开户许可证"正本及有关证明文件，交开户银行办理变更手续。

单位地址及其他开户资料发生变更时，应于5个工作日内书面通知开户银行并提出有关证明。

（二）开户银行

开户银行收到变更银行结算账户申请后，对于符合条件的，应在2个工作日内，在"人民币银行结算账户系统"中进行变更信息录入，同时将"变更银行结算账户申请书"、"开户许可证"正本及有关证明文件，通过管辖行报送人民银行。

（三）管辖行

处理同"一、开立"之（三）。

（四）人民银行

人民银行应及时在"人民币银行结算账户系统"中办理变更业务，对于符合条件的，收回原"开户许可证"，在"变更银行结算账户申请书"上签章后退回报送银行。

三、撤销

（一）存款人

存款人申请撤销银行结算账户时，应填写"撤销银行结算账户申请书"，加盖单位公章，交开户银行办理撤销手续。撤销核准类银行结算账户，存款人应交回"开户许可证"正本。

（二）开户银行

开户银行收到撤销银行结算账户申请后，对于符合销户条件的，应在 2 个工作日内办理销户手续；撤销核准类银行结算账户的，开户银行应同时将"开户许可证"正本及相关资料通过管辖行报送人民银行。

（三）管辖行

处理同"一、开立"之（三）。

（四）人民银行

人民银行应及时在"人民币银行结算账户系统"中办理撤销业务，对于符合条件的，收回原"开户许可证"，在"撤销银行结算账户申请书"上签章后退回报送银行。

备注：各类开户申请书均由开户银行负责提供。

申请书式样见已公开文件《人民币银行结算账户管理办法实施细则》（银发〔2005〕16 号）、《中国人民银行关于规范人民币银行结算账户管理有关问题的通知》（银发〔2006〕71 号附件。）

项目九　银行结算业务

任务 9-1　了解常用银行结算业务种类

【案例导入】

在公司的实际业务中，采购的原材料有本地采购和外地采购，支付时间跨度大，那么企业应该选择哪种银行结算方式呢？不同结算方式又有什么区别呢？

银行结算是指通过银行账户的资金转移实现收付的行为，即委托银行将款项从付款单位存款账户划出，转入收款单位存款账户，以此完成债权债务的清算或资金的调拨。

一、银行结算的含义

企业可以选用的银行结算方式通常包括支票、银行汇票、银行本票、商业汇票、汇兑、委托收款和异地托收承付结算方式等七种。根据结算形式的不同，可以划分为票据结算和支付凭证结算两大类；根据结算地点的不同，可以划分为同城结算方式、异地结算方式和通用结算方式三大类。

现行结算方式的具体分类如表 9-1 所示。

表9-1　结算方法分类

结算方式分类	支付结算办法		适用区域	适用范围
银行结算	票据结算	银行本票	同城结算	单位、个人各种款项
		银行汇票	异地结算	单位、个人各种款项
		支票	通用结算	单位、个人各种款项
		商业汇票		开立银行账户的法人及其他组织之间具有真实的交易关系
	支付结算	汇兑	通用结算	单位、个人各种款项
		委托收款		凭付款人债务证明办理的款项
		信用卡		消费性支出
		托收承付	异地结算	国有企业、供销合作社、城乡集体所有制工业企业

二、银行结算的种类

1. 银行本票

银行本票是银行签发的，承诺自己在见票时无条件支付确定的金额给收款人或者持票人的票据。银行本票由银行签发并保证兑付，而且见票即付，具有信誉高、支付功能强等特点。银行本票发定额本票和不定额本票。定额本票的面值有 1000 元、5000 元、10000 元和 50000 元。银行本票的付款期限为自出票日起最长不超过 2 个月。银行本票可以根据需要在票据交换区域内背书转让。

2. 银行汇票

银行汇票是汇款人将款项交存当地出票银行，由出票银行签发的，由其在见票时按照实际结算金额无条件支付给收款人或持票人的票据。它有使用灵活、票随人到、兑现性强等特点，适用于先收款后发货或钱货两清的商品交易。单位和个人各种款项结算，均可使用银行汇票。银行汇票的付款期限为自出票日起 1 个月内。银行汇票的收款人可以将银行汇票背书转让给他人。

3. 支票

支票是单位或个人签发的，委托办理支票存款业务的银行在见票时无条件支付确定的金额给收款人或者持票人的票据。支票结算方式是同城结算中应用比较广泛的一种。单位和个人的同一票据交换区域的各种款项结算，均可以使用支票。现金支票只能用于支取现金；转账支票只能用于转账；普通支票可以用于支取现金，也可以用于转账。支票的提示付款期限为自出票日起 10 日内，中国人民银行另有规定的除外。

4. 商业汇票

商业汇票是出票人签发的，委托付款人在指定日期无条件支付确定的金额给收款人或者持票人的票据。在银行开立存款账户的法人以及其他组织之间须具有真实的交易关系或债权债务关系，才能使用商业汇票。商业汇票的付款期限由交易双方商定，最长不得超过 6 个月。商业汇票提示付款期限自汇票到期日起 10 日内。商业汇票可以由付款人签发并承兑，也可经由收款人签发交由付款人承兑。商业汇票可背书转让。

商业汇票按承兑人不同分为商业承兑汇票和银行承兑汇票两种。商业承兑汇票是由银行以外的付款人承兑。银行承兑汇票由银行承兑，由开立存款账户的存款人签发。

5. 汇兑

汇兑是汇款人委托银行将其款项支付给收款人的结算方式。汇兑分信汇和电汇两种。汇兑结算方式适用于异地之间的各种款项结算。

6. 委托收款

委托收款是收款人委托银行向付款人收取款项的结算方式。无论单位还是个人都可收取同城和异地的款项。委托收款结算款项划回的方式分为邮寄和电报两种。

7. 托收承付

托收承付是根据购销合同由收款人发货后委托银行向异地付款人收取款项，由付款人向银行承认付款的结算方式。办理托收承付必须是国有企业、供销合作社以及经营管理较好，并经开户银行审查同意的城乡集体所有制工业企业。

【案例分析】

对于不同的企业，在原材料的采购和销售过程中，都可能存在本地和外地的业务，并且支付时间跨度不一，具体选用哪种结算方式，应根据实际的需要来选择。

任务 9-2　转账支票结算业务

【案例导入】

2013 年 10 月 8 日，公司向南阳布料公司购买一批材料，价格为 2 万元，增值税 3400 元，价税合计为 23400 元，采购员刘兵带着已经审批的发票向财务部要求开具支票。那么，支票的特点是什么？开具支票需要注意哪些方面的问题？

一、转账支票的认识

转账支票是出票人签发的，委托办理存款业务的银行或其他金融机构在见票时以转账形式无条件支付确定的金额给收款人或者持票人的票据。

1. 转账支票票样

转账支票同现金支票一样，有正面和背面。正面分为左右两部分，左部分为存根联，右部分为正联，也称支票联（如图 9-1 所示）；转账支票的背面有两栏，左栏是附加信息，右栏是背书人及被背书人的签章项目，说明可以转让（如图 9-2 所示）。

2. 转账支票的特点

（1）支票的有效期。支票的提示付款期限为自出票之日起 10 天内，支票签发次日开始计算有效期。

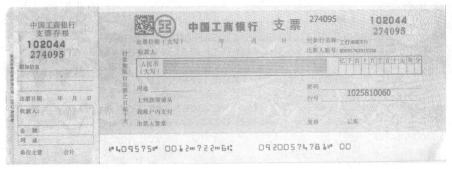

图 9 - 1 转账支票（正面）

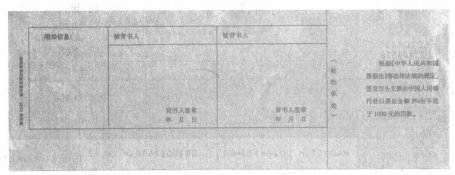

图 9 - 2 转账支票（背面）

（2）支票的结算起点。支票结算的金额起点为 100 元，起点以下的款项结算一般不适用支票，但缴纳公用事业费、基本养老保险基金、住房公积金等，可不受金额起点的限制。

（3）支票的挂失。已签发的支票如因遗失、被盗等原因而丧失的，可以向银行申请挂失；挂失前已经支付的，银行不予受理。

（4）支票的使用范围。转账支票主要用于同城结算，但是部分银行采用银行支票影像交互系统后，也可以在其覆盖范围内进行异地结算。

（5）支票的涂改与作废。支票的大小写金额和收款人、出票时间三处不得涂改，如有错误必须作废，并在支票的存根联和正联的骑缝线上加盖作废章，然后重新开具；其他内容如有改动须由签发人加盖预留银行印鉴加以证明。

（6）不得签发空头支票。签发空头支票的，不以骗取财物为目的的，由中国人民银行处以票面金额 5% 但不低于 1000 元的罚款。持票人有权要求出票人赔偿支票金额的 2% 的赔偿金。

（7）支票的背书。收款人在票据背面或粘单上记载有关事项并签章，已背书转让的票据，背书应当连续。

3. 结算流程

结算流程如图9-3所示。

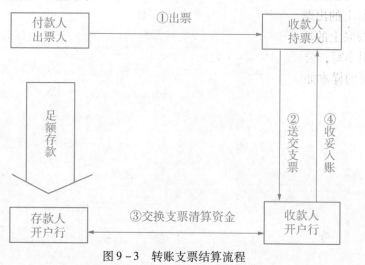

图9-3 转账支票结算流程

二、转账支票的开具

1. 查询银行存款余额

银行规定，签发的支票金额超过银行存款余额，属于空头支票。所以，在开具转账支票时必须先检查账户的余额。

2. 提出申请并登记转账支票使用登记簿

在实际工作中，无论是领用现金支票还是转账支票，无论是出纳本人还是他人领取，一定要及时登记支票使用登记簿。通过支票使用登记簿上的连号登记，就能监控到每一张支票的领用和使用情况。

支票使用登记簿包括的主要内容有签发日期、支票号码、领用部门、领用人、金额、用途、备注等（如图9-4所示）。

支票使用登记簿

签发日期	支票号码	领用部门	领用人	金额	用途	备注

图9-4 支票使用登记簿

3. 填写支票

支票填写的基本要求如下：

（1）签发支票应使用碳素墨水笔或墨汁笔（或使用支票打印机）认真填写。

（2）内容要填写齐全、真实，字迹要清晰。

（3）大小写金额必须一致，数字要书写标准，不得涂改。

（4）正联上的出票日期使用规范的中文大写填写。

（5）存根联上的填写要求相对没那么严格，只需把主要的信息填写清楚即可，如金额、日期都用小写，公司名称写简称即可。

支票填写的样本如图9-5所示。

图9-5　转账支票填写样本

4. 盖章审批

填写完转账支票，需要找相关的银行预留印鉴的保管人员加盖银行预留印鉴。转账支票正联上应盖上公司的银行预留印鉴（如图9-6所示），盖印鉴时，必须使用跟预留印鉴颜色一样的印泥，印章必须清晰。很多银行规定，印章模糊的支票作废。

建议在盖章前，先在其他纸上试盖，盖章时最好用本书垫在下方，这样章盖得会更清晰。

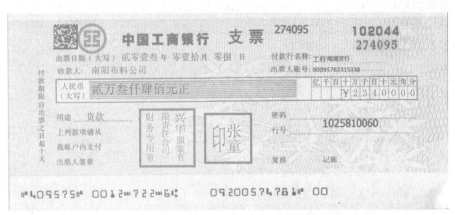

图9-6　盖章后的转账支票

5. 生成密码并填入

通过支付密码器生成密码。支付密码器是银行为了进一步加强票据的安全管理而设置的最后一道防线。支票上填写的密码与银行备份的数据完全一致时，银行才会支付款项。

开具支票后，在密码器上按提示操作（在提取现金部分已作了详述），确认正确的票据类型、账号、票号、填写开票日期和金额后，即可生成密码。密码生成后（一般是16位数字），出纳人员将密码填写到支票正联的密码区内（如图9-7所示）。

图9-7 已填入密码的转账支票

6. 到银行转账或将支票正联交给收款人

已经开好的转账支票，可以直接把正联交给收款人，由收款人自己到银行办理，也可以由出纳携带到开户银行办理付款手续。

由出票人到银行办理付款，需要再填写一张辅助单据——进账单（如图9-8所示）。

（_____银行）进账单(_____)

年 月 日

付款人	全称		收款人	全称		亿	千	百	十	万	千	百	十	元	角	分
	账号			账号												
	开户行			开户行												
金额	人民币(大写)															
	票据种类															
	票据张数					收款人开户银行签章										
	复核	记账														

此联是收款人开户银行交给收款人的收账凭证

图9-8 进账单

进账单能够将出票人和收票人的全称、账号和开户银行的信息及两者间的结算金额关系等方面都予以记载，能够给银行办理转账提供全面的信息。进账单一般为一式三联。第一联为回单联，是持票人的回单；第二联为贷方凭证联，由收款人的开户银行留存；第三联为收账通知联，由收款人留存作为入账凭证。

出纳按进账单的内容准确无误地填写清楚后，连同支票正联一起交给银行柜员办理，银行办理完毕后，出纳会收到加盖银行章的进账单回单联。

三、收到转账支票

当企业收到转账支票时，首先应检查各填写项目是否符合规定的要求，包括收款人名称是否为本企业单位全称，金额日期书写是否正确，大小写是否一致，签章是否清晰，日期是否在 10 天的有效期内等，确认无误后就可以去银行办理转账了。

出纳在办理转账时有两种选择，一是到开户行办理转账；二是把支票背书转让。在实际工作中，因为支票的有效期短，再次背书可能会导致过期，我们以到开户行办理进账为例介绍流程。

（1）在转账支票背面盖预留印鉴，填好进账单。出纳收到的支票经检查无误后，找印鉴保管人员，在支票的背面第一个"被背书人"处加盖银行预留印鉴，填写当天日期以及在下方空白处填写本企业的开户行账号。

（2）到本企业的开户行办理进账。出纳持盖好印鉴的支票到本企业开户行办理进账，同时将被要求填写"进账单"。

（3）收到加盖银行章的回单。银行审核无误后，在进账单的回单联上签章，然后返还给出纳。该单表示该项业务银行已经受理，但是并未完成收款任务。

（4）转账成功后，收到入账通知单。银行之间进行票据结算后，收到支票款并转入企业账户，银行将会出具一张"银行回单"给企业，以表示已经收款成功。

【案例分析】

支票的特点主要是结算方便、快捷，有效期在 10 天以内。支票是办理同城结算业务中经常使用的结算方式之一。

任务9-3　银行本票结算业务

【案例导入】

2013 年 10 月 20 日，公司向开户行申请银行本票，用于支付恒丰服装辅料有限公司（开户银行：中行武汉市中山路分行，账号：42014125769）物料费 11700 元。

一、银行本票的认识

1. 银行本票的票样

银行本票（如图 9-9、9-10 所示）是由银行签发的，承诺自己在见票时无条件支付确定金额给收款人或者持票人的票据。银行本票一式两联，第一联由出票行留存，结清本票时作支付凭证附件；第二联由出票行结清本票时作支付凭证。

图9-9　银行本票正联

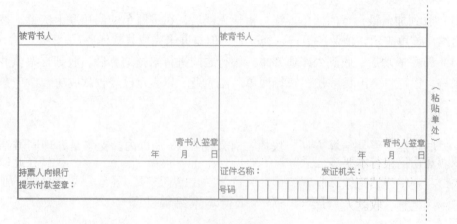

图9-10　银行本票背面

2. 银行本票的特点

（1）银行本票的使用。需先向银行申请才可以使用；申请人或收款人为单位的，不得申请签发带有"现金"字样的银行本票。

（2）使用范围。银行本票结算适用于在同城范围内或同一票据交换区域内结算。

（3）结算起点。银行本票的结算起点为100元，低于100元的款项不得签发银行本票。

（4）有效期。提示付款期自出票之日起2个月，持票人超过提示付款期限提示付款的，代理付款行不予受理。

（5）挂失。持票人因银行本票丧失，可向出票行申请办理协助防范。"现金"银行本票可办理挂失，失票人凭人民法院出具的其享有票据权利的证明，向出票银行请求付款或退款。因为"转账"本票不能直接办理挂失，所以要先到人民法院提起公示催告。

3. 银行本票的结算流程

银行本票的结算流程如图 9 – 11 所示。

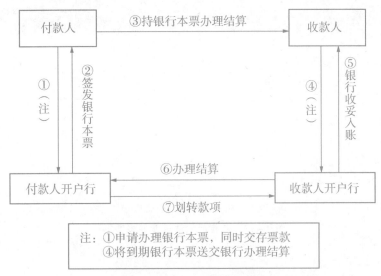

图 9 – 11　银行本票结算流程

二、开具环节

1. 填写申请书

企业在使用银行本票支付货款时，必须符合"先申请后使用"的原则。在此以交通银行为例，到银行填写结算业务申请书（如图 9 – 12 所示），要注意申请日期、业务类型、申请人信息、收款人名称和金额的大小写等问题。

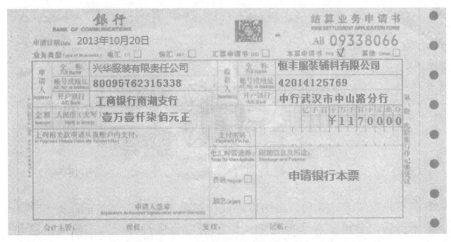

图 9 – 12　结算业务申请书的填写

2. 审核盖章

出纳填写银行本票申请书完成后，找到银行印鉴保管人员审核盖章。印鉴必须清晰并且不能交叉重叠，否则银行不予受理（如图9－13所示）。

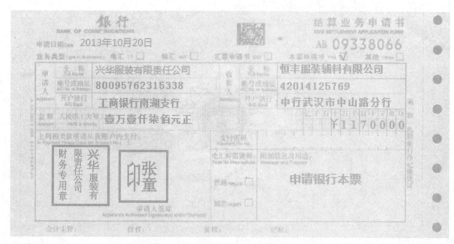

图9－13　盖章后的结算业务申请书

3. 生成并填写密码

结算业务申请书填写完后，银行需要使用支付密码器生成密码，并填到支付密码区内。支付密码器的使用方法与支票类似，不过可以直接把密码填写到支付密码区里（如图9－14所示）。

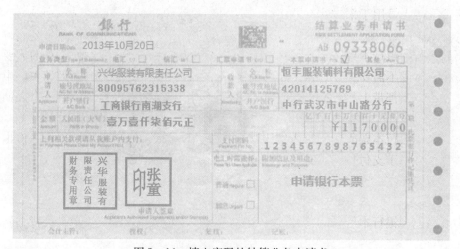

图9－14　填入密码的结算业务申请书

4. 银行办理

申请书填写并盖章等完成后，出纳可将银行本票申请书提交给银行办理了。银行工作人员审核无误后，会根据本票申请书上面的信息直接打印银行本票给出纳（一式两联），同时划转款项并收取相关的手续费及工本费（如图9－15所示）。出纳需在银行本票的卡片联上加盖银行预留印鉴，银行工作人员在银行本票的正联盖上"本票转账章"和工作人员私章。然后，银行将银行本票的正联交给出纳用于结算。

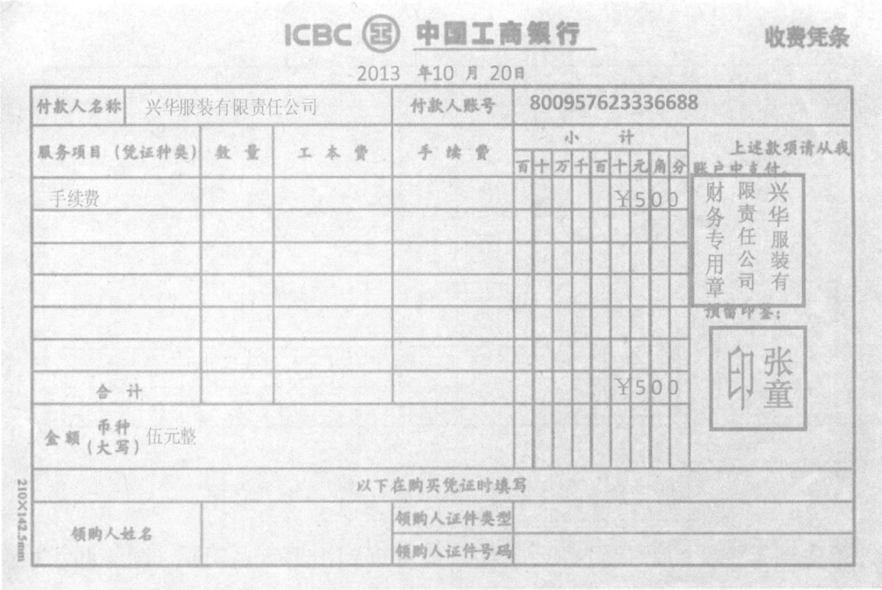
ICBC 中国工商银行　收费凭条

2013 年10 月 20日

付款人名称	兴华服装有限责任公司		付款人账号	800957623336688	
服务项目（凭证种类）	数量	工本费	手续费	小计（百 十 万 千 百 十 元 角 分）	上述款项请从我账户中支付。
手续费				￥500	兴华服装有限责任公司财务专用章
					预留印鉴：
合计				￥500	张童印
金额 币种（大写） 伍元整					
以下在购买凭证时填写					
领购人姓名			领购人证件类型		
			领购人证件号码		

210×142.5mm

图9－15　收费凭证

5. 支付款项

出纳拿到银行本票的正联，经审核无误后，可以直接交给供应商用来支付货款，也可以交给采购人员用于采购材料等。

6. 其他说明

不同银行的银行本票申请书的格式不大一样，申请规定也不尽相同。有的需要填写支付密码，有的不需要；具体应根据申请银行的规定进行办理。在实际工作中，申请银行本票时，一般都带上相关的银行预留印鉴，所以办理银行本票不是出纳一个人能够完成的。

出纳拿到银行本票时，应先将本票复印两份，一份交予会计做账使用；一份出纳自己留存。原件用于支付货款。

三、收票环节

当出纳收到银行本票后，需要进行审核，并确定是办理收款，还是直接背书转让给其他单位。

1. 收票审核

对于银行本票的审核，需要注意的内容包括：

（1）收款单位是否为本单位。

（2）银行本票上的专用章是否清晰。

（3）银行本票是否在有效期内。

（4）银行本票中的各项内容是否符合规定。

2. 办理进账收款

根据企业的实际需要，如直接向银行提示付款，则出纳找相关领导确认，并在银行本票背面的"持票人向银行提示付款签章"处加盖银行预留印鉴（如图9-16所示）。

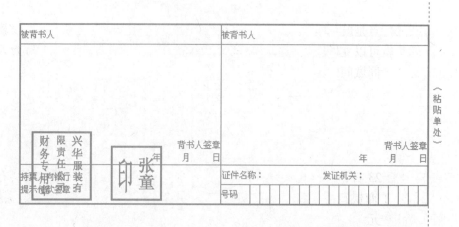

图9-16 加盖银行预留印鉴的银行本票（背面）

出纳可以到本企业的开户行办理收款，也可以到出票人的开户行办理收款，根据银行本票上面的信息填写进账单，再将银行本票连同进账单一并提交给银行。

银行审核无误后，会马上受理，并将加盖银行章的进账单回单交给出纳。办理完进账业务，就等银行通知到账，一般款项进账都需要一定的时间。

3. 背书转让

企业收到银行本票，也可以背书转让。银行本票背书是由持票人在银行本票背面的"背书"栏内背书，加盖本企业的银行预留印鉴，在"被背书人"栏内填写受让人名称，并将银行本票交给受让人的行为。这里的持票人称为背书人，受让人称为被背书人，背书人是被背书人的债务人，被背书人是背书人的债权人。

背书时，出纳要在银行本票背面"被背书人"处填写收款人的名称，然后在"背书人签章"的方框内盖上银行预留印鉴（如图9-17所示），最后再将银行本票交给收款人。

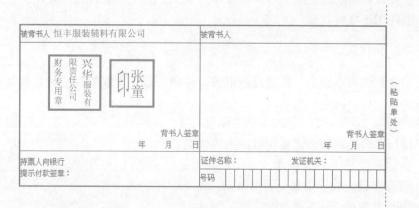

图9-17 背书转让的银行本票（背面）

【案例分析】

银行本票的特点是既可以转账，也可以取现。因为有了存入票款的保证，收款人收到银行本票后，就可以立即办理转账或取现，无须担心存在空头的问题，更易为人所接受，因此非常适合同城间的大额支付结算。

任务9-4 银行汇票结算业务

【案例导入】

2013 年 10 月 23 日，公司向开户行申请银行汇票，支付给广州白马服装辅料有限公司（开户银行：工商银行广州市中山路支行，账号：62201412576953）用于购买物料，预计人民币 20000 元。

一、银行汇票的认识

1. 银行汇票的票样

银行汇票是指由出票银行签发的，由其在见票时按照实际结算金额无条件支付确定金额给收款人或持票人的票据。银行汇票一式四联，第一联为卡片联，由出票银行留存；第二联为汇票正联（如图9-18所示）用于支付结算；第三联为解讫通知，在收款人拿到银行进账单后由收款银行保留；第四联为多余款收账通知，在签发行结清后交汇款人，如无多余款则由银行留底。

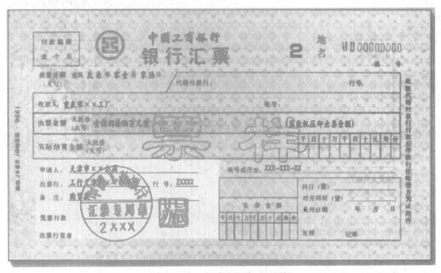

图9-18 银行汇票（正联）

2. 银行汇票的特点

（1）使用范围。银行汇票适用于异地结算。

（2）结算起点。银行汇票的结算金额起点为500元。

（3）有效期。银行汇票的提示付款期为自出票之日起1个月，持票人超过提示付款期向银行提示付款的，银行不予受理。

（4）申请要求。企业不得申请使用现金银行汇票，只能用于转账结算；申请人和收款人如果为个人，可申请现金银行汇票，即在银行汇票金额前加"现金"字样，可用于支取现金，但不得背书转让。

（5）遗失处理。如果遗失了银行汇票，失票人应当立即向签发银行或兑付银行请求挂失止付。申请人挂失止付应提交汇票挂失申请书，并写明"汇票挂失"字样。

3. 银行汇票结算流程

银行汇票的结算流程如图 9 - 19 所示。

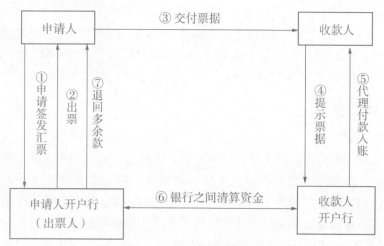

图 9 - 19　银行汇票结算流程

二、支付环节

1. 填写申请

向银行申请银行汇票，需填写银行汇票申请书（如图 9 - 20 所示），内容包括申请日期、业务类型、申请人及收款人名称、账号、开户行、金额大小写、附加信息及用途。

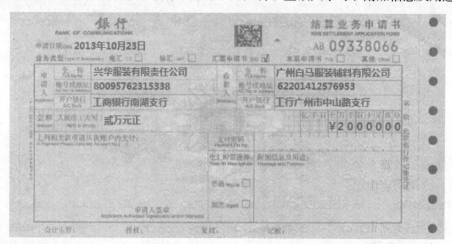

图 9 - 20　结算业务申请书

2. 加盖印鉴

银行汇票填写完整后，找银行印鉴保管人回盖印鉴，印鉴要清晰、不重叠（如图 9 - 21 所示）。

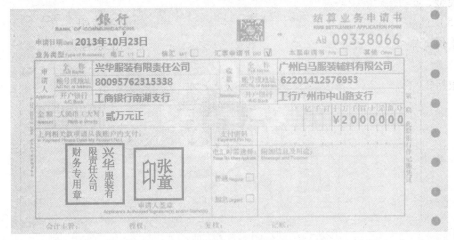

图 9 - 21　加盖印鉴的结算业务申请书

3. 生成密码并填入

支付密码器的使用方法与支票类似，只不过在选择业务的类型时，选择"其他"。生成密码后直接填写到支付密码区内（如图 9 - 22 所示）。

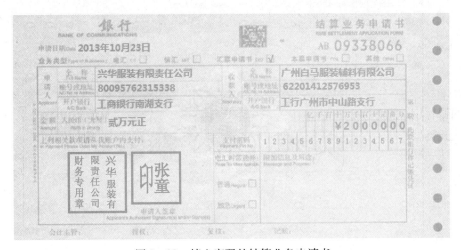

图 9 - 22　填入密码的结算业务申请书

4. 签发银行汇票

出纳带上结算业务申请书到银行柜台办理时，工作人员审核申请书上的信息无误后，根据信息内容由银行自动生成并打印银行汇票（一式四联），并将从企业的账户上直接划扣汇票款。

当申请人拿到银行签发的银行汇票后，审核信息内容，无误后在银行汇票的卡片联（第一联）加盖申请人的银行预留印鉴章（如图 9 - 23 所示）；银行工作人员则在银行汇票正联（第二联）上加盖银行专用章及私章（如图9－24所示）。

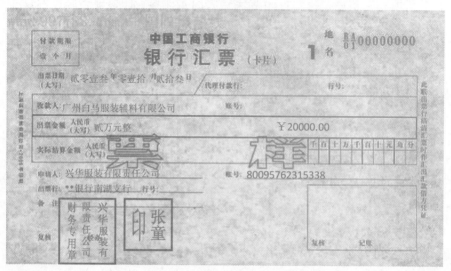

图9－23　加盖印鉴的银行汇票（卡片联）

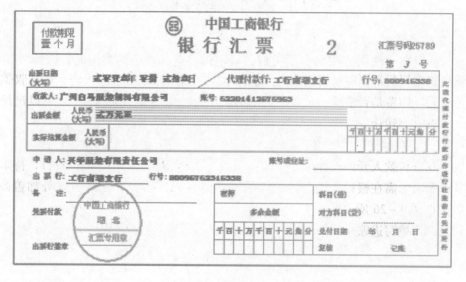

图9－24　银行汇票（正联）

5. 支付结算

申请人将会取得银行签发的银行汇票第二联（正联）、第三联（解讫通知联），并可将其交给经办人用于支付结算。出纳应将银行汇票第二联（正联）复印两份以备做账，一份交予会计做账使用，一份自己留存。结算时，经办人员应在银行汇票的实际结算金额处填上实际支付金额。

收款人开户行收到持票人交来的银行汇票第二联（正联）、第三联（解讫通知联）（如图9－25所示）及进账单，审核无误后，按实际结算金额将款项划转给持票人账户，并将银行汇票第三联（解讫通知联）寄给出票行。如果有多余款，出票行还需把多余款汇转入申请人账户，同时将银行汇票第四联交给申请人，申请人据以作入账处理。

付款期限
壹个月
中国工商银行
银行汇票（解讫通知）3
汇票号码
第 号
出票日期（大写）贰零玖叁年零拾月贰拾叁日
代理付款行：工行南湖支行 行号：80096338
收款人：广州白马服装辅料有限公司 账号：62201413676963
出票金额 人民币（大写）贰万元整
实际结算金额 人民币（大写） 千 百 十 万 千 百 十 元 角 分
申请人 兴华服装有限责任公司 账号或住址：80096762316338
出票行 工行南湖支行 行号：80096338
备注
代理付款行盖章
复核 经办
密押
多余金额
千 百 十 万 千 百 十 元 角 分
科目（借）
对方科目（贷）
转账日期 年 月 日
复核 记账
此联代理付款行兑付后随报单寄出票行，由出票行作多余款贷方凭证

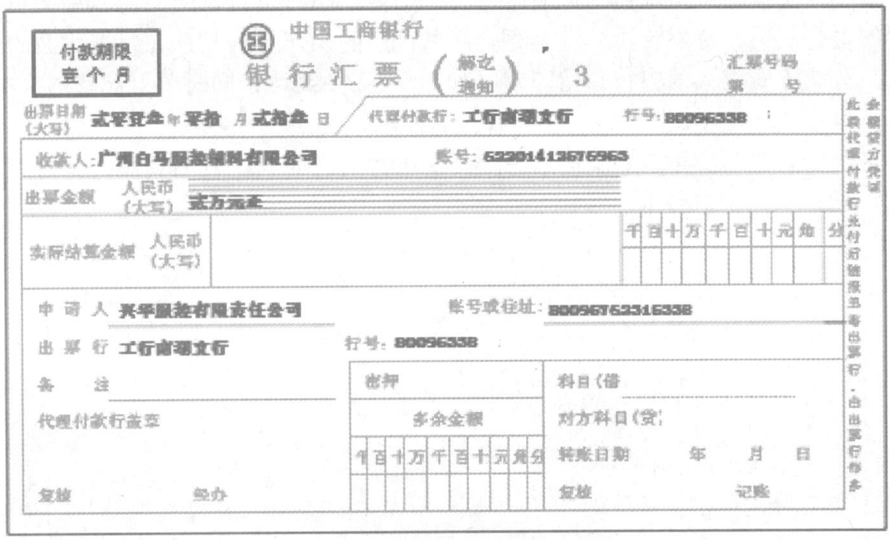

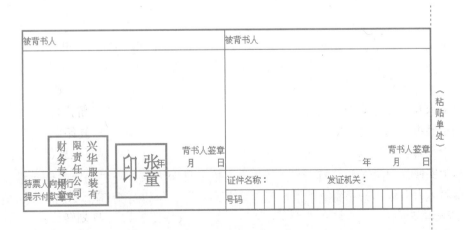

图 9－25 银行汇票（解讫通知联）

三、收票环节

企业收到银行汇票时，出纳要先审核银行汇款的基本要素是否正确，包括收款人名称是否正确、印鉴是否清晰、是否在付款期限内等各项内容。审核完毕，可以选择办理进账，或者背书转让。

1. 直接办理进账

出纳收到付款人开出的银行汇票第二联（正联）、第三联（解讫通知联），持票到银行办理进账时，需在银行汇票正联的背面“持票人向银行提示付款签章”处加盖银行预留印鉴（如图 9－26 所示）。

到银行需填写进账单，随后将其一起交给代理付款行办理进账。

被背书人 | 被背书人
兴华服装有限责任公司财务专用章
张童印
背书人签章 年 月 日
背书人签章 年 月 日
持票人向银行提示付款签章：
证件名称： 发证机关：
号码
（粘贴单处）

图 9－26 盖章后的银行汇票（正联）背面

2. 背书转让

背书转让是转让票据权利的背书行为。如果企业同时也付供应商的款项，可以考虑把收到的银行汇票，背书转让给供应商。背书转让的操作方式是：在票据背面的"背书人签章"处盖上背书人的银行预留印鉴（如图9-27所示），同时填上被背书人的名称，背书人再将第二联（正联）、第三联（解讫通知联）交给被背书人。

对于票据的背书，并不限制背书的次数，在背书栏或票据背面写满时，可以在票据上粘贴"粘单"后进行背书。

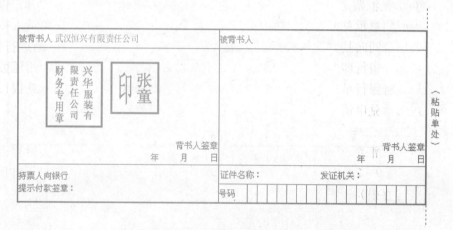

图9-27　背书后的银行汇票（正联）背面

【案例分析】

银行汇票主要用于异地结算，适用于单位、个体经营户及个人之间各种款项的支付。而且具有有效期较长、可以不限制背书次数等特点。

任务9-5　商业汇票结算业务

【案例导入】

2013年10月25日，公司向阳光服装有限公司销售一批产品，价税合计金额为23 400元，交易合同号码为208899，双方约定采用银行承兑汇票结算，期限为6个月，由收款方签发，由出纳陈艳负责此事。那么，商业承兑汇票如何签发？

一、商业汇票的认识

1. 商业汇票的含义

商业汇票是出票人签发的、委托付款人在指定日期无条件支付确定的金额给收款人或者持票人的一种票据。商业汇票按照承兑人的不同，可以分为商业承兑汇票和银行承兑汇票两种。

（1）商业承兑汇票可分别由双方约定签发，若由收款人签发的商业承兑汇票应由付款人承兑；若由付款人签发的商业承兑汇票应由本人承兑，付款人须在商业承兑汇票正面签署"承兑"字样并加盖银行预留印鉴后，将商业承兑汇票交给收款人，付款人应于商业承兑汇票到期前将票款足额交存其开户银行，银行于到期日凭票将款项从付款人账户划转给收款人或贴现银行，付款人对其所承兑的汇票负有到期无条件支付票款的责任。如果汇票到期时，付款人银行存款账户上不足以支付票款，银行将不承担付款责任而只负责将汇票退给收款人，由收付双方自行处理。同时，银行对付款人按照签发空头支票的有关罚款规定处以罚金。

（2）银行承兑汇票是指由收款人或承兑申请人签发，并由承兑申请人向开户银行申请，经银行审查同意承兑的票据。使用银行承兑汇票进行结算时，由承兑申请人持银行承兑汇票和购销合同向其开户银行申请承兑。银行按照有关政策规定对申请进行审查，符合承兑条件的，银行即可与承兑申请人签订承兑契约，并在汇票上签章，用压数机压印汇票金额后，将银行承兑汇票和解讫通知交给承兑申请人转交收款人，承兑银行将按票面金额比例向承兑申请人收取手续费、承兑手续费。

2. 商业汇票的票样

（1）商业承兑汇票。商业承兑汇票一式三联：第一联（卡片），承兑人留存；第二联（汇票）（如图9-28所示），持票人开户行随委托收款凭证及付款人开户行付款凭证附件；第三联（存根），出票人存查。

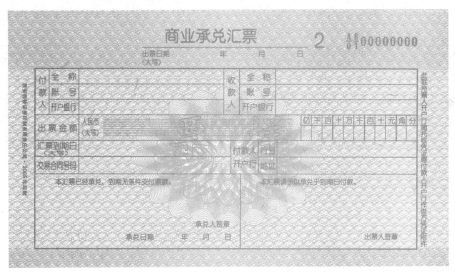

图9-28　商业承兑汇票票样

（2）银行承兑汇票。银行承兑汇票一式三联：第一联（卡片），承兑银行留存备查，到期支付票款作支付凭证附件；第二联（汇票）（如图9-29所示），随委托收款作凭证寄付款行作支付凭证附件；第三联（存根），出票人存查。

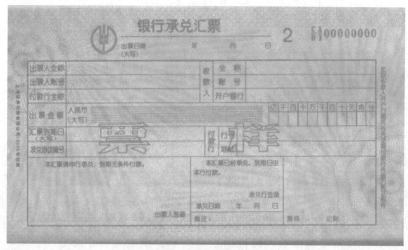

图 9 – 29　银行承兑汇票票样

3. 商业汇票的特点

（1）使用范围。商业汇票在同城、异地都可以使用，而且没有结算起点的限制。

（2）签发条件。签发人必须是在银行开立存款账户的法人以及其他组织；商业汇票必须以合法的商品交易为基础，禁止签发无商品交易的汇票。

（3）有效限。商业汇票的付款期最长不超过 6 个月，应在汇票到期日起 10 日内提示付款。

（4）背书签章错误的补救。背书时填写错误或盖章有误，可以按照承兑背书人追溯，由盖错印章的单位出一份证明，包括票据要素、错误原因及经济责任的说明。

（5）挂失处理。如果商业汇票丢失，失票人可通知付款人或代理付款人挂失止付。

（6）使用习惯。企业在申请取得或收到商业汇款时，应先将其复印两份，一份由出纳保管，另一份交给会计做账。

4. 商业汇票的结算流程

（1）商业承兑汇票结算流程如图 9 – 30 所示。

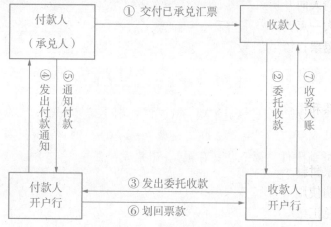

图 9 – 30　商业承兑汇票结算流程

（2）银行承兑汇票的结算流程（如图9-31所示）。

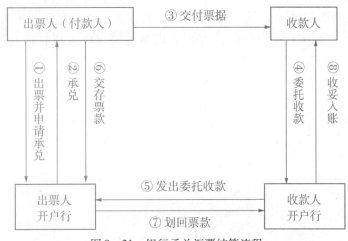

图9-31 银行承兑汇票结算流程

二、商业承兑汇票和银行承兑汇票的区别

1. 承兑人不同

商业承兑汇票承兑人为付款单位本身；银行承兑汇票承兑人为付款单位开户银行。

2. 付款单位开户银行责任不同

到期日，付款单位无款支付，商业承兑汇票付款单位开户银行不承担付款责任；银行承兑汇票付款单位开户银行承担付款责任。

3. 收款单位收款风险不同

商业承兑汇票结算方式下，收款单位存在到期日无法收款的风险。银行承兑汇票结算方式下，收款单位不存在到期日无法收款的风险；商业承兑汇票是指由收款人签发，经付款人承兑，或由付款人签发并承兑的票据；银行承兑汇票是由收款人或承兑申请人签发并由承兑申请人向开户银行申请，经银行审查同意而承兑的票据。前者信用程度稍微低一点，风险大一点，后者则相反；两者之间的主要区别是：商业承兑，到期付款人有钱付钱，没钱退票；银行承兑，到期付款方银行付款。

三、商业汇票的结算

商业承兑汇票和银行承兑汇票在结算上相类似，本书重要讲述银行承兑汇票的结算方式。

1. 承兑申请

承兑是指汇票付款人承诺在汇票到期日支付汇票金额的票据行为。一般情况下，只有购销合同上注明使用"银行承兑汇票结算"，出纳才能申请银行承兑汇票。

申请银行承兑汇票时，先向开户银行提出申请，并提供相应的申请资料，然后携带相应的银行预留印鉴到银行现场办理。

2. 转存保证金

经银行审核完成后，出纳应向银行指定账户存入保证金或办理担保。企业转存保证金时，需要填写转账支票（如图9-32所示），收款人为企业自己，并加盖银行预留印鉴，填写进账单（如图9-33所示）。支票和进账单的出票人和收款人都是企业本身，但收款人账号则是银行的指定账号。

图9-32 转账支票

图9-33 进账单

企业开具银行承兑汇票，然后由出纳带上"购销合同"向银行申请。

3. 票据签发

办妥相关手续后，银行就可以签发银行承兑汇票了。银行承兑汇票的主要内容包括出票日期、出票人信息、收款人信息、出票金额、汇票到期日、承兑协议编号、付款行信息等（如图9-34所示）。

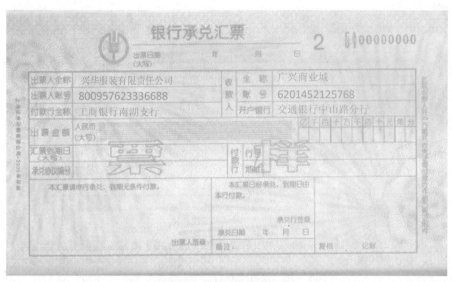

图 9-34 银行承兑汇票

银行承兑汇票填写完后，需在汇票的第一、第二联的出票人签章处加盖银行预留印鉴（如图 9-35 所示），再将银行承兑汇票交给银行。

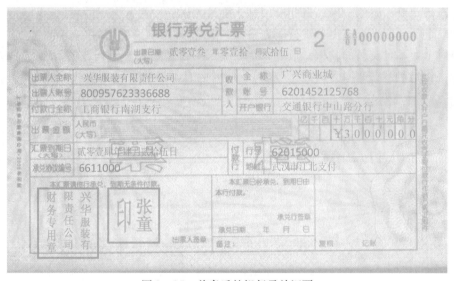

图 9-35 盖章后的银行承兑汇票

4. 支付货款

出纳将填写完整并加盖相关银行印鉴后的银行承兑汇票交还银行，银行在第二联上盖章（如图 9-36 所示）后退给出纳，该汇票才可以用于结算。

银行承兑汇票

2

出票日期（大写）贰零壹叁 年零壹拾 月贰拾伍 日

出票人全称	兴华服装有限责任公司	收款人	全称	广兴商业城
出票人账号	800957623336688		账号	6201452125768
付款行全称	工商银行南湖支行		开户银行	交通银行中山路分行
出票金额	人民币（大写）叁万元整			￥3000000
汇票到期日（大写）	贰零壹肆年肆月贰拾伍日	付款行	行号	62015000
承兑协议编号	6611000		地址	武汉市江北支付

本汇票请你行承兑，到期无条件付款。

兴华服装有限责任公司财务专用章

张童印

出票人签章

本汇票已经承兑，到期日由本行付款。

王伟

承兑行签章

承兑日期 年 月 日

备注：

复核 记账

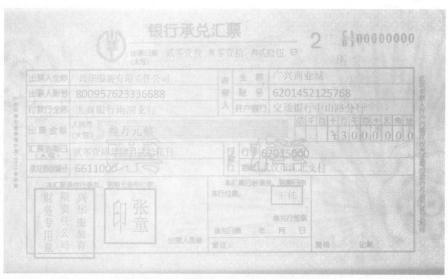

图 9－36 银行盖章后的银行承兑汇票

5. 兑付票款

银行承兑汇票交给收款方后，出纳应在票据到期前将足额的票款存入付款账号。银行承兑汇票到期后，出纳会收到银行的付款通知（如图 9－37 所示）。出纳应核对付款通知与银行承兑汇票的金额、日期等信息，确认无误后，银行会把款项划给收款人。

如果企业到期无力支付，银行会先将账户的余额和申请时转存的保证金一并扣除，然后垫付企业不足支付的款项。最后，企业不仅要偿还银行垫付的款项，还要支付相关的利息（银行利息按每日万分之一收取），同时会有不良信息记录在中国人民银行。

托收凭证（付款通知）

委托日期 2013 年 10 月 25 日

付款期限 2014 年 4 月 25 日

业务类型	委托收款（□邮划、□电划） 托收承付（□邮划、□电划）				
付款人	全称		收款人	全称	广兴商业城
	账号			账号	6201452125768
	地址	省 市县 开户行		地址	省 市县 开户行
金额	人民币（大写）	叁万元整			￥3000000
款项内容		托收凭据名称		附寄单证张数	
商品发运情况			合同名称号码		

备注：

付款人开户银行收到日期 年 月 日

复核 记账

付款人开户银行签章 年 月 日

付款人注意：1.根据支付人结算办法，上列委托收款（托收承付）款项在付款期限内未提出拒付，即视为同意付款，以此代付款通知。2.如需提出全部或部分拒付，应在规定期限内，将拒付理由书并附债务证明退交开户银行。

中国工商银行股份有限公司 1022900190770 汇票专用章

此联付款人开户银行给付款人按期付款通知

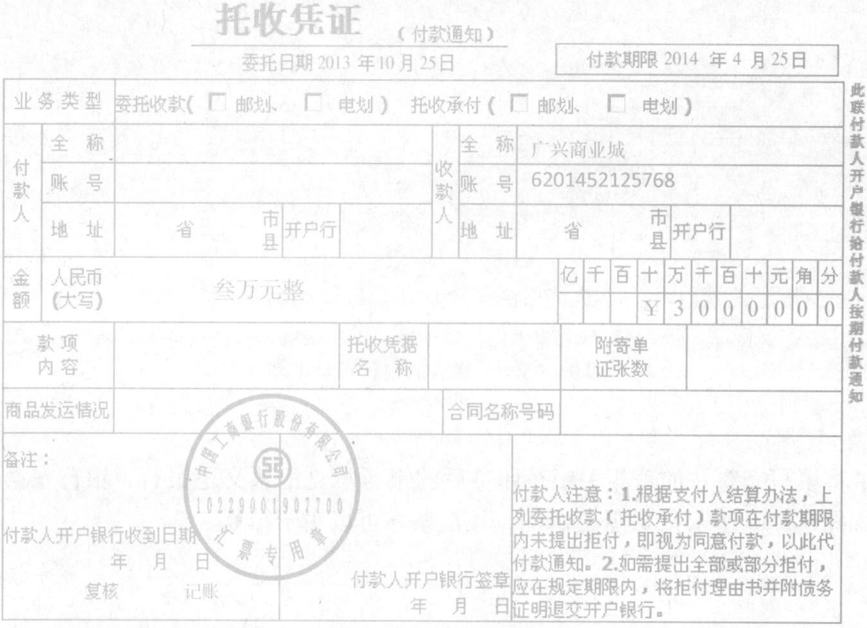

图 9－37 付款通知

6. 收票环节

当企业收到银行承兑汇票，可以有以下三种处理方法：

（1）到期托收。待银行承兑汇票到期后办理托收票款。出纳应在银行承兑汇票到期日起 10 日内，向承兑银行提示付款。

首先，在银行承兑汇票背面的"背书人签章"处加盖银行预留印鉴，并注明是委托收款（如图 9 - 38 所示）。

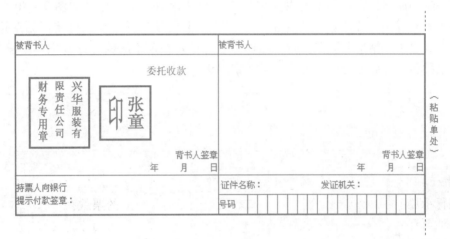

图 9 - 38　加盖银行印鉴的汇票（背面）

其次，填制一式五联的托收凭证，主要内容包括委托日期、业务类型、付款人信息、收款人信息、金额、托收凭据名称、附寄单证张数（如图 9 - 39 所示）。

托收凭证 （受理回单）　　1

委托日期 2014 年　4 月 13 日

业务类型	委托收款（ □ 邮划、 □ 电划） 托收承付（ □ 邮划、 □ 电划）												
付款人	全 称	交通银行中山路分行	收款人	全 称	兴华服装有限责任公司								
	账 号			账 号	800957623336688								
	地 址	省　市县 开户行		地 址	省　市县 开户行 工商银行南湖支行								
金额	人民币（大写）	叁万元整			亿 千 百 十 万 千 百 十 元 角 分　￥ 3 0 0 0 0 0 0								
款项内容		货款	托收凭据名称		银行承兑汇票	附寄单证张数							
商品发运情况			合同名称号码										
备注：		款项收妥日期											
	复核　记账		年　月　日		收款人开户银行签章 年　月　日								

此联作收款人开户银行给收款人的受理回单

图 9 - 39　填写后的托收凭证

再次，将托收凭证和银行承兑汇票一同交给开户银行办理委托收款，银行审查无误后，返回托收凭证第一联（受理回单）。

最后，当款项到达公司账户后，银行会把托收凭证第四联（收账通知单）返还公司。

（2）背书转让。由于银行承兑汇票的期限比较长，企业可以选择背书转让给债权人。如果是首次背书，只需要在"被背书人"处写上被背书人（债权人）的公司名称，盖上背书人的银行预留印鉴，再写上背书日期即可。

如果本公司是被背书人，也可将其再背书。银行承兑汇票的背书一定要连续，要满足斜线一致的原则，即后一个背书人要与前一个被背书人相一致（如图9-40所示）。

如果由于多次背书，导致银行承兑汇票背面的背书人处位置不够，可使用粘单进行背书。那么，除了在粘单上盖上银行预留印鉴外，还要在粘单的骑缝处（粘贴的缝隙处）盖章。这种盖在骑缝处的章称为骑缝章（如图9-41所示）。

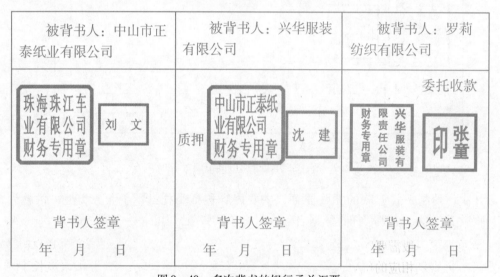

图9-40　多次背书的银行承兑汇票

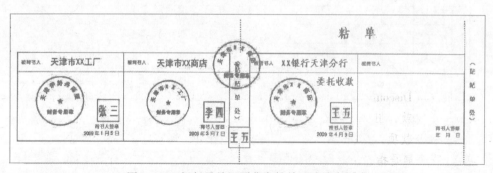

图9-41　银行承兑汇票背书粘单及骑缝章样式

如果背书人在银行承兑汇票上写有"不得转让"字样，那么被背书人就不能够进行再背书了。

（3）办理贴现。企业收到银行承兑汇票后，如果汇票未到期，企业急需资金周转，可以考虑到银行办理贴现。

需要办理贴现的汇票，先加盖银行预留印鉴，填写贴现凭证（如图9－42所示）后，再将银行承兑汇票转让给银行。经银行审查无误后，把贴现的金额直接转到账户上，并将回单联给出纳作为款项到账的证明。

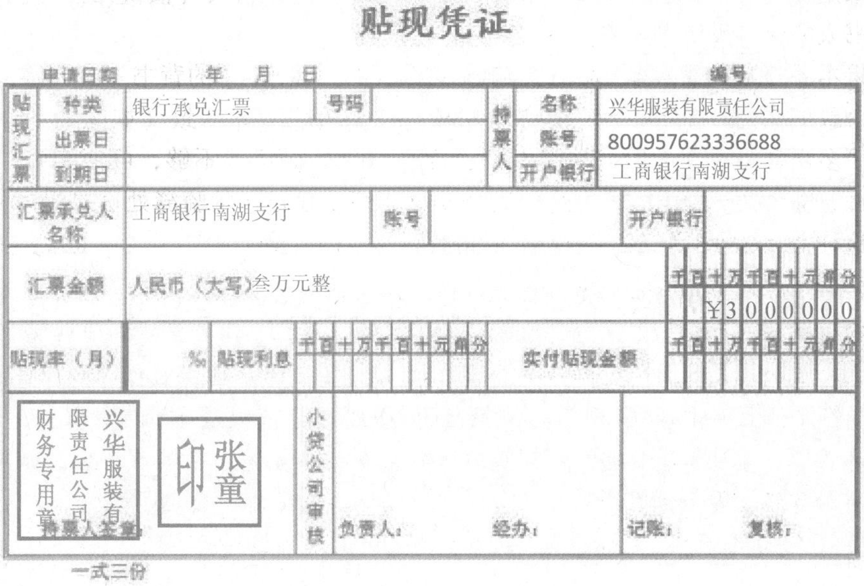

贴现凭证

申请日期　年　月　日　　编号

贴现汇票	种类	银行承兑汇票	号码		持票人	名称	兴华服装有限责任公司
	出票日					账号	800957623336688
	到期日					开户银行	工商银行南湖支行
汇票承兑人名称		工商银行南湖支行	账号		开户银行		
汇票金额		人民币（大写）叁万元整			千百十万千百十元角分		￥3000000
贴现率（月）		%	贴现利息	千百十万千百十元角分	实付贴现金额		千百十万千百十元角分
兴华服装有限责任公司财务专用章　张童印　持票人签章			小贷公司审核	负责人：　经办：		记账：　复核：	

一式三份

图9－42　贴现凭证

【案例分析】

承兑汇票一般需要购销合同注明使用承兑汇票结算才能申请，需要先向开户银行提出申请，并提供相应的申请资料，由银行审核签发后才可以使用。承兑汇票最长不超过6个月，同城、异地结算均可使用。

【知识链接】

银行承兑汇票贴现率如何计算

贴现利息（Discount Charges）是承兑汇票持票人以未到期承兑汇票向银行申请贴现，银行同意给予现款，但银行要根据贴现率和承兑汇票的剩余天数，计算并从汇票金额中先行扣收一部分款项，这部分被从承兑汇票金额中扣收的金额就是贴现利息。

实付贴现金额是指汇票金额（即贴现金额）减去应付贴现利息后的净额，即汇票持有人办理贴现后实际得到的款项金额。按照规定，贴现利息应根据贴现金额、贴现天数（自银行向贴现单位支付贴现票款日起至汇票到期日前一天止的天数）和贴现率计算求得。

票据贴现利息的计算分两种情况：

（1）不带息票据的贴现。

$$贴现利息 = 票据面值 \times 贴现率 \times 贴现期$$

（2）带息票据的贴现。

贴现利息 = 票据到期值 × 贴现率 × 贴现天数/360

贴现天数 = 贴现日到票据到期日实际天数 – 1

贴现利息公式：

贴现利息 = 贴现金额 × 贴现天数 × 日贴现率

日贴现率 = 月贴现率 ÷ 30

实际付款金额 = 票面金额 – 贴现利息

举例：汇票金额 10000 元，到期日 2006 年 7 月 20 日，持票人于 4 月 21 日向银行申请贴现，银行年贴现利率 3.6%，则贴现利息 = 10000 × 90 × 3.6% ÷ 360 = 90 元，银行在贴现当日付给持票人 9910 元，扣除的 90 元就是贴现利息。注意：年利率折算成日利率时，一年一般按 360 天计算，故要除以 360。

贴现利率一般要比贷款利率低得多，而且贴现的办理手续比贷款简单，能满足企业资金急需时的融资要求，汇票也具有较高的流通性，银行也比较愿意办理贴现业务。

举例一：公司于 8 月 15 日拿一张银行承兑汇票申请贴现，面值 1000000，贴现率 2.62%，签发于上年的 12 月 30 日，到期日为 10 月 29 日，贴现息如何计算？

贴现天数：为从贴现日起至到期日的天数，算头不算尾，算尾不算头，如果是异地的话要再加 3 天，碰上休假要顺延。

16（16～31 日）+ 30（9 月）+ 29（1～29 日）= 75（天）

贴现息 = 75 × 1000000 × （2.62% ÷ 360）= 5458.33。

举例：2004 年 3 月 23 日，企业销售商品收到一张面值为 10000 元，票面利率为 6%，期限为 6 个月的商业汇票。5 月 2 日，企业将上述票据到银行贴现，银行贴现率为 8%。假定在同一票据交换区域，则票据贴现利息计算如下：

票据到期值 = 10000 × （1 + 6% ÷ 2）= 10300（元）。

该应收票据到期日为 9 月 23 日，其贴现天数应为 144 天（30 + 30 + 31 + 31 + 23 – 1）。

票据贴现利息 = 票据到期值 × 贴现率 × 贴现天数/360

　　　　　　 = 103 00 × 8% × 144/360 = 329.60（元）。

任务 9 – 6　汇兑结算业务

【案例导入】

2013 年 10 月 26 日，公司采用电汇方式支付前欠上海云美纺织公司（银行账号：44565546545）购货款 32000 元。那么，出纳如何完成该业务的办理？

一、汇兑结算方式

汇兑业务是指承兑行将客户委托的款项汇至异地指定的收款人。承汇行在接受客户持交的款项后，通过汇票或支付委托书向异地承兑行发出命令，由承兑行向第三者支付款项。

1. 汇兑结算票据分类

根据划转款项及传递方式的不同，汇兑可以分为信汇和电汇两种。

（1）信汇是指汇款人委托银行通过邮寄方式将款项划给收款人。信汇费用较低，但速度相对较慢。

（2）电汇是指汇款人委托银行通过电讯手段将款项划转给收款人。电汇速度快，但汇款人要负担较高的电报电传费用。

2. 汇兑结算票据样式

（1）信汇凭证样式如图9-43所示。

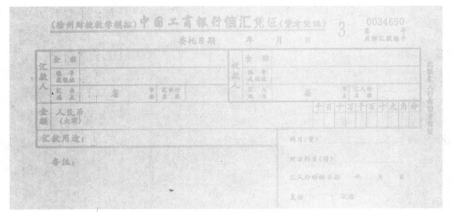

图9-43　信汇凭证样式

（2）电汇凭证样式如图9-44所示。

图9-44　电汇凭证样式

3. 汇兑结算的特点

（1）适用范围广。是汇款人向异地主动付款的方式，单位和个人都可使用，单位除款项划拨外，也可用于对异地的个人支付有关款项。

（2）使用灵活。汇兑结算没有金额起点的限制。

（3）转汇。汇款人可请求汇入银行重新办理信、电汇手续，将款项汇往其他地区。

（4）撤汇。汇款人对银行未汇出的款项，可以申请撤销。

（5）退汇。汇款人对银行已经汇出的款项，可以申请退汇。

4. 汇兑结算的业务流程

汇总结算后业务流程如图9-45所示。

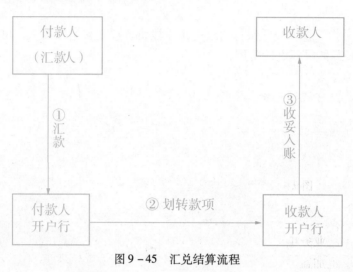

图9-45　汇兑结算流程

二、付款方结算

1. 填写申请书

企业在使用电汇支付货款时，必须先到银行填写结算业务申请书（如图9-46所示），填写时注意申请日期、业务类型、申请人信息、收款人名称和金额的大小写等问题。

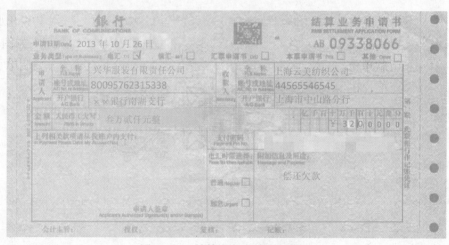

图9-46　结算业务申请书的填写

2. 加盖印鉴及填写支付密码

填写好结算业务申请书后，按程序在结算业务申请书的第一联上加盖印鉴，并通过密码器取得密码填写在申请书上（如图9-47所示）。

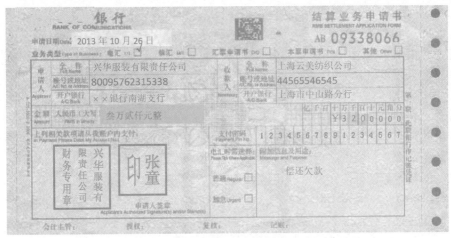

图 9 - 47　加盖印鉴及填写支付密码的结算业务申请书

3. 转存金额并交纳手续费

把完整的结算业务申请书送交银行，银行审查无误后即可办理汇款手续，在结算业务申请书回单联上加盖"转讫"章后退回汇款单位，并按规定收取手续费，将手续费支付凭单退给申请人。

三、收汇业务

企业收到电汇（信汇）的形式有多种：一是银行直接通知收款，二是支取"现金"的汇款，三是"留行待取"的汇款。

1. 直接收款

对于没有特殊说明的电汇款项，银行直接转入收款单位的账户，并向其发出收账通知。采用信汇方式的，收款单位银行在信汇凭证第四联上加盖"转讫"章（如图 9 - 48 所示）后交给收款单位；采用电汇方式的，则银行根据汇出行发来的电报编制电子联行电报划贷方补充单，在第三联上加盖"转讫"章后交给收款单位。

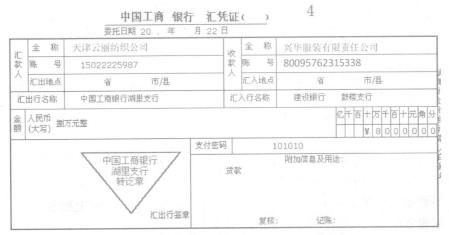

图 9 - 48　加盖银行"转讫"章的信汇凭证样式

2. 支取现金

在信汇、电汇凭证上"汇款金额"栏注明"现金"字样的，可以由收款人填制一联支款单连同信汇凭证第四联（或电汇电子联行电报划贷方补充单第三联），并携带有关身份证到汇入银行取款。

3. 留行待取

对于"留行待取"的汇款，收款人应随身携带身份证或汇入地有关单位足以证实收款人身份的证明，去汇入银行办理取款。

银行会了解并与信汇、电汇凭证进行核对，并将证件名称、号码、发证单位名称等批注在信汇、电汇凭证空白处，并由收款人在"收款人盖章"处签名或盖章，然后办理付款手续。

【案例分析】

电汇的特点是收款较快、费用也是相当高的汇款方式，汇款人必须负担电报费用，所以通常只有金额较大或有急用的汇款才用这种电汇方式。电汇的手续比较简单，只需要提供收、付款双方的单位及账号即可办理。

任务9-7 委托收款结算业务

【案例导入】

企业出售一批服装给恒业商城有限公司，价税合计52000元，货物已经发出，公司以委托收款的方式收回货款。

一、委托收款结算方式

委托收款是指收款人委托银行向付款人收取款项的结算方式。

1. 委托收款凭证样式

委托收款凭证一式五联。第一联回单联，由收款人开户行给收款人的回单；第二联收款凭证联，由收款人开户行作收入传票；第三联支款凭证联，由付款人开户行作付出传票；第四联收款通知（或发电依据）联，由收款人开户行在款项收妥后给收款人的收款通知（或付款人开户行凭以拍发电报）；第五联付款通知（如图9-49所示），由付款人开户行给付款人按期付款的通知。

2. 委托收款结算方式的分类

（1）邮寄。是以邮寄方式由收款人开户银行向付款人开户银行转送委托收款凭证、提供收款依据的方式。

（2）电报划回。是以电报方式由收款人开户银行向付款人开户银行转送委托收款凭证、提供收款依据的方式。

3. 委托收款的特点

（1）结算起点没有结算金额起点的限制。

（2）时限。委托收款付款期为三天，凭证索回期为两天。

托收凭证 （付款通知）   **5**

委托日期　年　月　日　　　　付款期限　年　月　日

业务类型	委托收款(□邮划、□电划) 托收承付(□邮划、□电划)		

付款人	全　称				收款人	全　称			
	账　号					账　号			
	地　址	省　市县 开户行				地　址	省　市县 开户行		

| 金额 | 人民币（大写） | | 亿 千 百 十 万 千 百 十 元 角 分 |

| 款项内容 | | 托收凭据名称 | | 附寄单证张数 | |

| 商品发运情况 | | 合同名称号码 | |

备注：

付款人开户银行收到日期
　年　月　日
复核　　记账

付款人开户银行签章
　年　月　日

付款人注意：1.根据支付人结算办法，上列委托收款（托收承付）款项在付款期限内未提出拒付，即视为同意付款，以此代付款通知。2.如需提出全部或部分拒付，应在规定期限内，将拒付理由书附债务证明退交开户银行。

此联付款人开户银行给付款人按期付款通知

图9-49　委托收款凭证（付款通知联）

（3）使用范围。不受地点限制，在同城、异地都可办理。

4. 委托收款的结算流程

委托收款的流程如图9-50所示。

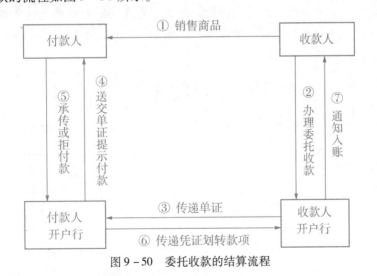

图9-50　委托收款的结算流程

二、收款方业务

1. 填写托收凭证

出纳应持向付款方开具的发票和相关信息资料，填写银行提供的"委托收款凭证"，一式五联，注意写清楚收款单位名称、账号、开户银行，付款单位名称、账号或地址、开户银行，委托金额大小写，款项内容及所附单证张数等，并在第二联上加盖收款单位印鉴（如图9-51所示）。

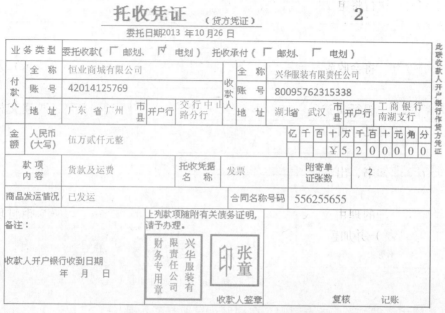

图9-51　填妥并加盖印鉴的托收凭证

2. 办理托收

出纳将委托凭证和发票一并送交银行，银行审查无误后，办理委托收款手续，在委托收款凭证第一联加盖业务公章（如图9-52所示）后退还，同时收取一定的手续费和邮电费。

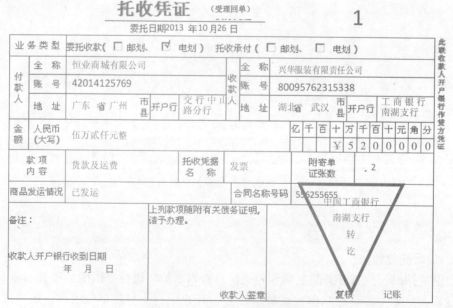

图9-52　托收凭证受理回单

3. 收到款项

银行受理了托收，就等银行通知到账，一般款项进账都需要一定的时间，当全部货物款项进账后，银行将电子回单返还给企业。

三、付款方业务

作为付款方，将会收到开户银行寄送的托收凭证第五联（如图 9－53 所示）及有关债务证明。

出纳收到开户银行寄送的托收凭证付款通知联及债务证明后，应及时递交相关领导，请示领导的意见，可办理全部付款、全部拒付或部分拒绝付款手续。

1. 办理付款

根据付款通知书，出纳应取得领导同意后，在规定时间内通知银行付款。

2. 办理全部拒付

如果由于合理的理由不能给对方付款，则应在规定时间内到银行填写拒付理由书（如图 9－54 所示）并加盖预留印鉴，向银行办理拒付手续。

托收凭证（付款通知） 5

委托日期 2013 年 10 月 26 日　　付款期限 2013 年 10 月 29 日

业务类型	委托收款（□ 邮划、□ 电划） 托收承付（□ 邮划、□ 电划）					
付款人	全称	兴华服装有限责任公司	收款人	全称	广州白马服装辅料有限公司	
	账号	80095762315338		账号	62201412576953	
	地址	湖北省 武汉 市/县 开户行 工商银行南湖支行		地址	广东 省 广州 市/县 开户行 工商银行中山支行	
金额	人民币（大写）	叁万伍仟元整		亿千百十万千百十元角分	¥3500000	
款项内容	货款及运费	托收凭据名称	发票	附寄单证张数		
商品发运情况	已发运			合同名称号码	556255655	
备注： 付款人开户银行收到日期 年 月 日 复核 记账		中国工商银行 南湖支行 转 讫 付款人开户银行签章 年 月 日		付款人注意：1.根据支付人结算办法，上列委托收款（托收承付）款项在付款期限内未提出拒付，即视为同意付款，以此代付款通知。2.如需提出全部或部分拒付，应在规定期限内，将拒付理由书并附债务证明退交开户银行。		

此联付款人开户银行给付款人按期付款通知

图 9－53 托收凭证付款通知联

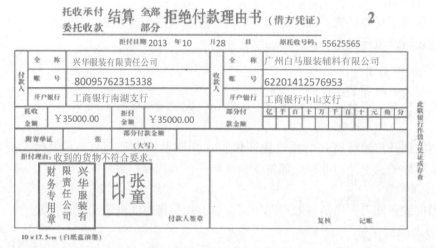

图 9-54 拒绝付款理由书

3. 办理部分拒付

如果由于合理的理由不能给对方支付全部货款，则应在规定时间内到银行填写拒付理由书（如图 9-59 所示）并加盖预留印鉴，向银行办理拒付手续。

图 9-55 部分拒绝付款理由书

【案例分析】

委托收款结算是收款人向银行提供收款依据，委托银行向付款人收取款项的一种结算方式。委托收款具有使用范围广、灵活、简便等特点。

任务 9－8　托收承付结算业务

【案例导入】

　　企业出售一批服装给广百百货公司（国有企业），商品价税合计 32000 元，货物已经发出，并已签订了购销合同，合同约定采用托收承付结算方式。

一、托收承付结算方式的认识

　　托收承付结算是指根据购销合同由收款人发货后委托银行向异地购货单位收取货款，购货单位根据合同对单或对证验货后，向银行承认付款的一种结算方式。

　　1. 托收承付的种类

　　托收承付结算款项分邮寄和电报两种，由收款人选用。因而相应地托收承付结算凭证也分为邮划托收承付结算凭证和电划托收承付结算凭证两种。

　　2. 托收承付结算凭证样式

　　邮划托收承付结算凭证一式五联：

　　（1）第一联（回单）是收款单位开户银行给收款单位的回单；

　　（2）第二联（委托收款凭证）是收款单位委托开户银行办理托收款项后的收款凭证；

　　（3）第三联（支款凭证）是付款单位向开户银行支付贷款的支款凭证；

　　（4）第四联（收账通知）是收款单位开户银行在款项收妥后给收款单位的收账通知；

　　（5）第五联（承付支款通知）是付款单位开户银行通知付款单位按期承付货款的承付（支款）通知。

　　3. 托收承付结算方式的特点

　　（1）结算金额起点。托收承付结算每笔的金额起点为 10000 元，新华书店系统每笔金额起点为 1000 元。

　　（2）时限。验单付款，其承付期为 3 天；验货付款，其承付期为 10 天。

　　（3）使用范围。托收承付结算方式只限于异地使用。

　　（4）使用对象。托收承付结算方式的收款单位和付款单位必须是国有企业、供销合作社以及经营较好，并经开户银行审查同意的城乡集体所有制工业企业。

二、托收承付结算方式的业务流程

　　由结算业务流程图（如图 9－56 所示）我们可以看到，托收承付结算方式与委托收款结算方式基本相同，所以不再复述。

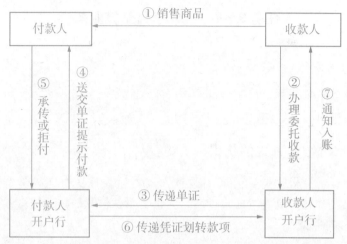

图 9 - 56   托收承付结算方式的业务流程

【案例分析】

异地托收承付结算是收款单位根据经济合同发货后，委托银行向异地付款单位收取款项，由付款单位按照经济合同规定核对结算单证或验货后向银行承付款项的一种结算方式。其最大的特点是从结算起点、适用范围和条件上都有比较严格的限制。

【知识链接】

托收承付结算的适用范围及条件

（1）使用该结算方式的收款单位和付款单位必须是国有企业、供销合作社以及经营较好，并经开户银行审查同意的城乡集体所有制工业企业；

（2）办理结算的款项必须是商品交易以及因商品交易而产生的劳务供应款项。代销、寄销、赊销商品款项，不得办理托收承付结算。

《支付结算办法》规定，办理托收承付，除符合以上两个条件外，还必须具备以下三个前提条件：

（1）收付双方使用托收承付结算必须签有符合经济合同法的购销合同，并在合同中注明使用异地托收承付结算方式。

（2）收款人办理托收，必须具有商品确已发运的证件。

（3）收付双方办理托收承付结算，必须重合同、守信誉。

根据《支付结算办法》规定，若收款人对同一付款人发货托收累计三次收不回货款，收款人开户银行应暂停收款人向付款人办理托收；付款人累计三次提出无理拒付的，付款人开户银行应暂停其向外办理托收。

对于下列情况，如果没有发运证件，可凭有关证件办理托收手续：

（1）商业、供销、外贸部门系统内及相互之间，国家物资局、粮食及其他商业（如水产、农机等）系统内的商品调拨、自备运输工具发送或自提的；易燃、易爆、剧毒、腐蚀性的商品，以及电、石油、天然气等必须使用专用工具或线路、管道运输的，可凭付款单位确已收到商品的证明（粮食部门可凭提货单及发货明细表）。

（2）铁道部门的材料厂向铁道系统供应专用器材，可凭其签发的注明车辆号码和发运日期的证明。

（3）军队使用军列整车装运物资，可凭注明车辆号码和发运日期的单据；军用仓库对军内发货，可凭总后勤部签发的提货单副本，各大军区、省军区也可比照办理。

（4）收款单位承造或大修理船舶、锅炉或大型机器等，生产周期长，合同订明按工程进度分次结算的，可凭工程进度完工证明书。

（5）付款单位购进的商品，在收款单位所在地转厂加工、配套的，可凭付款单位和承担加工、配套单位的书面证明。

（6）合同订明商品由收款单位暂时代为保管的，可凭寄存证及付款单位委托保管商品的证明。

（7）使用铁路集装箱或零担凑整车发运商品的，由于铁路只签发一张运单，可凭持有发运证件单位出具的证明。

（8）外贸部门进口商品，可凭国外发来的账单、进口公司开出的结算账单。

项目十　银行存款日记账

【案例导入】

出纳陈艳签发了一张面值为 100000 元的转账支票，却被银行告知是空头支票，并被处以 50 元的罚款。陈艳检查自己的银行存款日记账余额，银行存款日记账上明明还有 113200 元的余额，怎么会出现空头支票呢？

任务 10 -1　银行存款日记账的设置

【案例导入】

出纳的主要工作就是管理公司的资金，包括现金及公司在银行的存款。其中，现金的收付业务是直接登记现金日记账，那么，银行的收付结算又将如何处理呢？它的登记依据是什么呢？

为了及时掌握银行存款的收支和结存情况，便于与银行核对账目，及时发现问题，出纳应按不同银行账号分别设置银行存款日记账。

一、银行存款日记账的启用和保管

1. 银行存款日记账的样式

（1）银行存款日记账的样式。银行存款日记账（如图 10 -1 所示）是专门用来记录银行存款收支业务的一种特种日记账。银行存款日记账一般采用订本式账簿，其账页格式一般采用"借方金额"、"贷方金额"和"余额"三栏式。

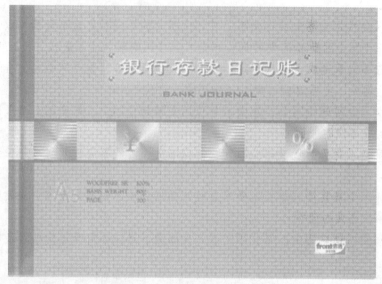

图 10 – 1　银行存款日记账样式

（2）银行存款日记账扉页（如图 10 – 2 所示）。

账 簿 启 用 及 接 交 表

机 构 名 称							印		签	
账 簿 名 称	银行存款日记账　（第　　册）									
账 簿 编 号										
账 簿 页 数	本账簿共计　　页　（			本账簿本页数 做人人盖章		）				
启 用 日 期	公 元　贰零壹壹　年　零壹月　零壹日									
经管人员	负 责 人		主 办 会 计		复 核			记 账		
	姓 名	盖章	姓 名	盖章	姓 名		盖章	姓 名		盖章
接交记录	经 管 人 员			接 管				交 出		
	职 别		姓 名	年	月	日	盖章	年　月　日		盖章
备注										

图 10 – 2　银行存款日记账扉页

2. 银行存款日记账的启用

启用银行存款日记账时，应在账簿扉页，即账簿启用及接交表中填写单位名称、账簿名称、账簿编号和启用日期；在经管本账簿人员一栏中写明经管人员姓名、职别、接管或移交日期，由会计主管人员签名盖章，并加盖单位公章，同时贴上印花税票（如图10 – 3 所示）。（注：现在账簿上的印花税，可以直接在网上申报，不再贴花）

账 簿 启 用 及 接 交 表

机 构 名 称	兴华服装有限责任公司			印　　章	
账 簿 名 称	银行存款日记账　　（第 1 册）				
账 簿 编 号	01				
账 簿 页 数	本账簿共计 100 页　　　（　本账本页数 登点人盖章　）				
启 用 日 期	公 元　贰零壹叁　年　壹　月　零壹　日				

经管人员	负 责 人		财 务 主 管		复　　核		出　　纳	
	姓　名	盖 章	姓　名	盖 章	姓　名	盖 章	姓　名	盖 章
	张童	张 童	梁宽荣	梁宽荣			陈艳	陈 艳

接交记录	经 管 人 员		接　　管			交　　出		
	职　别	姓　名	年	月	日	盖章	年	月	日	盖章

备注	

图 10 - 3　账簿启用及接交表

3. 银行存款日记账的保管

银行存款日记账记录着资金的收支情况，除配合企业内外部查账、稽核等事项外，一律不得外借，以防止被更改或财务信息泄露。

根据《会计档案管理办法》的规定，现金和银行存款日记账的保存期限为 25 年。

二、登记银行存款日记账

1. 银行存款日记账的建账

银行存款日记账的建账同现金日记账一样，也是将上年的账簿余额过渡到本年的新账簿上。

在每一会计年度结束后，或者在银行存款日记账使用完毕后，要更换、启用新的账簿，填写完账簿启用表后，需在银行存款日记账上填写开户行、账号、年份，并在摘要栏中写上"上年结转"，将上年余额填入余额栏（如图 10 - 4 所示）。

银 行 存 款 日 记 账

开户行：工商银行南湖支行　　　　　　　　　　　　　　　　　　　　　　　第 001 页
账　号：80095762315338

2013年		凭证编码		结算方式		摘要	收入（借方）金额										付出（贷方）金额										借或贷	结 存 金 额									
月	日	字	号	类	号码		千	百	十	万	千	百	十	元	角	分	千	百	十	万	千	百	十	元	角	分		千	百	十	万	千	百	十	元	角	分
1	1					上年结转																					借		4	2	3	8	5	6	2	1	5

图 10 - 4　银行存款日记账（年初建账）

2. 银行存款日记账的登记

出纳根据收款凭证、付款凭证及所附的有关原始凭证中所发生的与银行存款相关的业务，按时间先后顺序，使用蓝、黑色碳素笔逐笔登记银行存款日记账，不得使用圆珠笔或铅笔登记，且必须连续登记。每日业务终了时，出纳应计算、登记当日的银行存款收入合计数、支出合计数，并结出余额，以便检查和监督各项收入和支出的款项。

银行存款日记账上填写的主要内容包括日期、摘要、借方金额（或增加金额）、贷方金额（或减少金额）、余额等。出纳在登记账簿时，填写的文字、数字都不能超过行高的1/2。

每天的业务必须当天记录，记录当日发生额，并结出余额，最后合计本日借方、贷方发生额（如图10-5所示）。

银行存款日记账

开户行：工商银行南湖支行　　　　　　　　　　　　　　　　　　　　　　第 038 页
账　号：80095762315338

2013年 月	日	凭证编码 字	号	结算方式 类	号码	摘要	收入（借方）金额	付出（贷方）金额	借或贷	结存金额
10	20					承前页	7 8 0 0 0 0 0 0	6 0 5 3 0 0 0	借	4 2 4 7 5 6 2 1 5
10	20	付	1	现支	2011330	支付差旅费		1 0 0 0 0 0 0	借	4 2 3 7 5 6 2 1 5
10	20	付	2	现支	2011331	提现发薪		4 5 0 0 0 0 0	借	4 1 9 2 5 6 2 1 5
10	20	付	3	转支	4038	办公用品费		3 2 0 0 0	借	4 1 9 2 2 4 2 1 5
10	20	收	1	进账单	240	存销货款	1 1 7 0 0 0 0		借	4 2 0 3 9 4 2 1 5
10	20	收	1	支票	315	收到销售服装货款	9 5 0 0 0 0		借	4 2 9 8 9 4 2 1 5
10	20	付	3	支票	2011342	借支		2 0 0 0 0 0	借	4 2 9 6 9 4 2 1 5
10	20					本月合计	8 8 6 7 0 0 0 0	1 1 7 8 5 0 0 0	借	4 2 9 6 9 4 2 1 5

图 10-5　银行存款日记账（每日登记并日结）

3. 银行存款日记账首行和末行的填写

银行存款日记账的每一页记完后，必须按规定结转下页，账页的第一行，都是用于结转。

结转时，应根据"承前页"的借方加上本页的借方发生数，得出"过次页"借方金额；同理，计算"过次页"的贷方金额；并计算出余额，写在本页最后一行，并在摘要栏上注明"过次页"。"承前页"的金额可以直接根据上页的"过次页"（如图10-6所示）金额填写，并在"摘要"栏注明"承前页"字样（如图10-7所示）。

10	19	付	3	转支	4038	办公用品费		3 2 0 0 0		4 1 9 2 2 4 2 1 5
10	19	收		进账单	240	存销货款	1 1 7 0 0 0 0			4 2 0 3 9 4 2 1 5
10	19	收	1	支票	315	收货款	9 5 0 0 0 0			4 2 9 8 9 4 2 1 5
10	20	付	3	支票	2011342	借支		2 0 0 0 0 0		4 2 9 6 9 4 2 1 5
10	20					过次页	1 0 6 7 0 0 0 0	4 8 3 2 0 0 0	借	4 2 9 6 9 4 2 1 5

图 10-6　银行存款日记账（过次页）

银行存款日记账

开户行：工商银行南湖支行　　　　　　　　　　　　　　　　　第 039 页
账　号：80095762315338

2013年		凭证编码		结算方式		摘要	收入（借方）金额	付出（贷方）金额	借或贷	结存金额
月	日	字	号	类	号码		千百十万千百十元角分	千百十万千百十元角分		千百十万千百十元角分
10	20					承前页	1 0 6 7 0 0 0 0 0	4 8 3 2 0 0 0 0	借	4 2 9 6 9 4 2 1 5

图 10 - 7　银行存款日记账（承前页）

4. 银行存款日记账的更改

"人非圣贤，孰能无过"，再细心的出纳，也有登记错误的时候。如果出纳发现账页登记有误（记账凭证无误），则在错误的内容或数字上面画红线，并盖上出纳的私章，再把正确的摘要或数字记录在错误的上方。

登记银行存款日记账出现差错时，必须根据差错的具体情况采用画线更正、红字更正、补充登记等方法，并在留出的 1/2 处进行修改操作（如图 10 - 8 所示）。

银行存款日记账

开户行：工商银行南湖支行　　　　　　　　　　　　　　　　　第 039 页
账　号：80095762315338

2013年		凭证编码		结算方式		摘要	收入（借方）金额	付出（贷方）金额	借或贷	结存金额
月	日	字	号	类	号码		千百十万千百十元角分	千百十万千百十元角分		千百十万千百十元角分
11	3					承前页	7 8 0 0 0 0 0 0	6 0 5 3 0 0 0	借	4 2 4 7 5 6 2 1 5
11	3	付	1	进账单	253	收到销售货款	8 0 0 0 0 0 0 0		借	5 0 4 7 5 6 2 1 5
11	3	付	2	转支	2013330	购买棉布		4 3 5 0 0 0 0 0	借	4 6 1 2 5 6 2 1 5
11	4	付	3	转支	2013331	购买服装辅料		1 2 0 0 0 0 1 3 0 0 0 0	借	4 6 1 1 3 6 2 1 5

图 10 - 8　银行存款日记账（画线更正法）

三、出纳单据的移交

出纳手上的单据，就是出纳支付款项的凭证，一旦丢失将可能需要承担相应的赔偿责任。为了减少因丢失凭证而发生的麻烦或损失，出纳应及时把相关的付款凭证移交给会计。

为了分清责任，出纳应在交接时编制一式两份的出纳单据交接表（如图 10 - 9 所示），出纳在将凭证交给会计时，必须双方确认签字后移交，以保证权责分明；交接完毕，出纳应妥善保管交接表。在实际工作中，出纳并非每天要办理单据的移交手续，应根据公司规模的大小、业务的繁简等情况而定。可以每天移交，也可以几天或者一个星期移交一次。但是出纳在移交前必须将相关单据保管好，以免丢失。

出纳单据交接表

2013 年

月	日	出纳编号	现金/银存	摘要	部门/客户	经办人	收入金额	支出金额
10	20	银付 078	付款	支付差旅费	销售部			1000
10	20	银付 079	付款	支付货款	恒阳公司			32000
10	20	银收 082	收款	收到货款	广百百货		62000	
10	20	银收 083	收款	收到货款	云美服装		23000	
				本日合计			85000.00	33000.00

会计：黄小青　　　　　　　　　　　　　　　出 纳：陈艳

图 10 - 9　出纳单据交接表

【案例分析】

　　银行存款日记账主要是登记所有与银行收支相关的业务，根据现金支票、转账支票、进账单、银行回单等银行结算票据来进行登记，并定期把已经记账的票据移交给会计人员。

任务 10 - 2　对账与结账

【案例导入】

　　月底最后一天，财务部门的人员都特别忙，大家都忙于对账和结账。那么，到底对账和结账需要做些什么呢？

　　大家都说财务人员月底特别忙，既要开展日常工作，又要对一个月的账务进行对账和结账。

一、对账

　　对账是指核对账目。为了保证账簿记录的真实、正确、可靠，对账簿和账户所记录的有关数据加以检查和核对就是对账工作。应坚持对账制度，通过对账工作，检查账簿记录内容是否完整，有无错记或漏记，以做到账证相符、账账相符、账实相符。

　　出纳对账工作的主要内容就是对日记账与凭证进行核对；对日记账与实物进行核对；对出纳日记账与会计的总账进行核对。

　　1. 与总账的核对

　　对银行存款日记账的本月发生额和余额与会计总账上的银行存款的发生额和余额进行核对，并确保一致。

　　2. 与实际业务核对

　　检查所有收、付款凭证中涉及银行存款业务的，已经逐笔序时登记的银行存款日记账，并且核对账目的内容、金额、方向确保完全一致。

3. 与对账单的核对

银行存款日记账与银行对账单（如图 10 - 10 所示）核对。需要做到：对摘要、记账方向、金额、记账日期等内容进行逐项核对；对账单和银行存款日记账记录内容相同的可用"√"在银行对账单和银行存款日记账上分别标示，以标明该笔业务核对一致。

中国工商银行（南湖支行）对账单

单位：兴华服装有限责任公司　　　　　账　号：80095762315338

2011年		摘　要	凭证号		借　方	贷　方	余　额
月	日		支票	结算凭证			
12	29	上年结转					4,238,562.15
12	29	现金支票	2011330		1,000.00		4,237,562.15
12	29	现金支票	2011331		45,000.00		4,192,562.15
12	29	转账支票	4038		320.00		4,192,242.15
12	30	进账单		240		11,700.00	4,203,942.15
12	30	付税款			1,200.00		4,202,742.15
12	30	付税款			2,750.00		4,199,992.15
12	31	付税款			138.00		4,199,854.15
12	31	现金支票	2011332		1,000.00		4,198,854.15
12	31	进账单		479		3,000.00	4,201,854.15
12	31	转账支票	4039		1,170.00		4,200,684.15
12	31	结息单				181.00	4,200,862.15

图 10 - 10　对账单

二、结账

结账是指把一定时期内发生的全部经济业务和相应的财产收支情况，定期进行汇总、整理和总结的工作。每个企业都必须按照有关规定，定期做好结账工作。

1. 结账前的工作

结算期内发生的各项经济业务要全部入账，不能提前也不能延时结账。对于现金日记账及银行存款日记账，应当结出本期发生额和期末余额。

2. 月末结账的方法

月末结账是以一个月为结账周期，每月月末对本月内的现金、银行经济业务情况进行总结。

（1）在该月最后一笔经济业务下一行"摘要"栏内注明"本月合计"字样。

（2）在"借方"、"贷方"和"余额"栏内分别填入本月合计数和月末余额，并在这一行下面画一条通栏单红线。

（3）对需逐月结算本年累计发生额的账户，应逐月计算从年初至本月份止的累计发生额，并登记在"本月合计"的下一行，在"摘要"栏内注明"本年累计"字样，并在这一行下面画一条通栏单红线，以便与下月发生额划清（如图 10 - 11 所示）。

银行存款日记账

开户行：工商银行南湖支行
账　号：80095762315338　　　　　　　　　　　　　　　　　　　第 045 页

2013年 月	日	凭证编码 字	号	结算方式 类	号码	摘要	收入（借方）金额	付出（贷方）金额	借或贷	结存金额
11	28					承前页	8 6 0 0 0 0 0 0	6 1 0 0 0 0 0	借	4 2 4 7 5 6 2 1 5
11	28	付	1	现支	2011330	支付差旅费		1 0 0 0 0 0 0	借	4 2 3 7 5 6 2 1 5
11	29	付	2	现支	2011331	提现发薪		4 5 0 0 0 0 0	借	4 1 9 2 5 6 2 1 5
11	29	转	3	转支	4038	办公用品费		3 2 0 0 0	借	4 1 9 2 2 4 2 1 5
11	30	收	证	进账单	240	存销货款	1 1 7 0 0 0 0		借	4 2 0 3 9 4 2 1 5
11	30	收	1	支票	315	收货款	9 5 0 0 0 0 0		借	4 2 9 8 9 4 2 1 5
11	30	付	3	支票	2011342	借支		2 0 0 0 0 0	借	4 2 9 6 9 4 2 1 5
11	30					本月合计	9 6 6 7 0 0 0 0	1 1 8 3 2 0 0 0	借	4 2 9 6 9 4 2 1 5
						本年累计	5 2 1 5 6 0 0 0 0	3 9 8 6 2 0 0 0 0		4 2 9 6 9 4 2 1 5

图 10 – 11　银行存款日记账（月结）

3. 年末结账

如果月结的那个月刚好是 12 月底，那么不仅需要进行月结，同时还要进行年结。年结是以一年为周期，对本年度内各项经济业务情况及结果进行总结。

（1）在年末，将全年的发生额累计，登记在 12 月份合计数的下一行。

（2）在"摘要"栏内注明"本年累计"字样，并在这一行下面画上通栏双红线，以示封账。

（3）年末的余额需结转到下一会计年度，同时在"摘要"栏注明"结转下年"字样（如图 10 – 12 所示）。

银行存款日记账

开户行：工商银行南湖支行
账　号：80095762315338　　　　　　　　　　　　　　　　　　　第 050 页

2013年 月	日	凭证编码 字	号	结算方式 类	号码	摘要	收入（借方）金额	付出（贷方）金额	借或贷	结存金额
12	29					承前页	8 6 0 0 0 0 0 0	6 1 0 0 0 0 0	借	4 2 4 7 5 6 2 1 5
12	29	付	1	现支	2011330	支付差旅费		1 0 0 0 0 0 0	借	4 2 3 7 5 6 2 1 5
12	29	付	2	现支	2011331	提现发薪		4 5 0 0 0 0 0	借	4 1 9 2 5 6 2 1 5
12	30	转	3	转支	4038	办公用品费		3 2 0 0 0	借	4 1 9 2 2 4 2 1 5
12	30	收	证	进账单	240	存销货款	1 1 7 0 0 0 0		借	4 2 0 3 9 4 2 1 5
12	31	收	1	支票	315	收货款	9 5 0 0 0 0 0		借	4 2 9 8 9 4 2 1 5
12	31	付	3	支票	2011342	借支		2 0 0 0 0 0	借	4 2 9 6 9 4 2 1 5
12	31					本月合计	9 6 6 7 0 0 0 0	1 1 8 3 2 0 0 0	借	4 2 9 6 9 4 2 1 5
						本年累计	6 3 5 2 6 0 0 0 0	5 2 6 8 4 3 0 0 0		4 2 9 6 9 4 2 1 5
						结转下年				4 2 9 6 9 4 2 1 5

图 10 – 12　银行存款日记账（年结）

【案例分析】

　　每个月的月底，都需要对本月的所有账户进行对账和结账，以便编制会计报表。出纳主要是对现金和银行存款的账户进行对账和结账。在对账的过程中要注意做到账账相符、账证相符、账实相符，在结账的过程中则要特别注意格式要求。

任务 10 - 3　银行存款余额调节表的编制

【案例导入】

　　出纳陈艳在进行银行存款日记账的对账工作时，发现 2013 年 12 月 31 日银行存款日记账的账上余额是 4298942. 15 元，但银行的对账单上余额却是 4200862. 15 元。为什么会出现这么大的偏差呢？是不是出纳的工作在哪里出错了？

　　在银行存款日记账与银行对账单的核对中，往往会出现核对不符的情况。除了记录错误外，未达账项是很常见的一个原因。所谓未达账项，是指由于企业与银行取得凭证的实际时间不同，导致记账时间不一致，发生的一方已取得结算凭证且已登记入账，而另一方未取得结算凭证尚未入账的款项。

　　若发生未达账项，应编制银行存款余额调节表（如图 10 - 13 所示）进行调节，使双方余额相等。银行存款余额调节表只起到对账的作用，不能作为记账的依据。

银行存款余额调节表

户名：
账号：
开户行：　　　　　　　　　　　　　　　　　年　　月　　日

项　目（摘要）	金额（元）	项　目（摘要）	金额（元）
企业银行存款日记账余额：		**银行对账单余额：**	
加：银行已收、企业未收款		加：企业已收、银行未收款	
减：银行已付、企业未付款		减：企业已付、银行未付款	
调节后的存款余额：		**调节后的存款余额：**	

复核：　　　　　　　　制表人：　　　　　　　　制表时间：

图 10 - 13　银行存款余额调节表

一、未达账项产生的原因

1. 单位出纳人员已经入账，银行方尚未入账的款项

（1）企业已收，银行未收。如单位收到外单位的转账支票，填好进账单，并经银行受理盖章，即可记账，而银行则要办妥转账手续后，才能入账。

（2）企业已付，银行未付。单位开出转账支票或其他付款凭证，并已作存款减少入账，而银行尚未支付没有记账。如单位已经开出支票，而持票人尚未去银行提现或转账等。

2. 银行方已经入账，单位出纳人员尚未入账的款项

（1）银行已收，企业未收。银行代单位划转收取的款项已经入账，单位尚未收到银行的收账通知而未入账。如委托银行收取的贷款，银行已入账，而单位尚未收到银行的收款通知。

（2）银行已付，企业未付。银行代单位划转支付的款项已经划出并记账，单位尚未收到银行的付款通知而未入账。如扣借款利息，应付购货款的托收承付，代付水电费、通信费等。

二、银行存款余额调节表的编制方法

银行存款余额调节表的编制方法一般是在双方账面余额的基础上，分别补记对方已记而本方未记账的账项金额，然后验证调节后的双方账目是否相符。

出纳在银行存款日记账（如图 10 – 14 所示）和银行对账单（如图 10 – 15 所示）之间进行比对。在银行对账单余额与企业账面余额的基础上，银行存款日记账余额加上银行已收、企业未收，减去银行已付、企业未付账项。银行对账单余额加上企业已收、银行未收，减去企业已付、银行未付账项。

图 10 – 14　银行存款日记账

1. 银行对账单调整后余额

银行对账单调整后余额 = 银行对账单调整前余额 + 企业已收而银行未收账项
　　　　　　　　　　　　　－ 企业已付而银行未付账项

中国工商银行（南湖支行）对账单

单位：兴华服装有限责任公司　　　　　　　账　号：80095762315338

2013年 月	日	摘　要	凭证号 支票	凭证号 结算凭证	借方	贷方	余额
12	29	上年结转					4,238,562.15
12	29	现金支票	2011330		1,000.00		4,237,562.15
12	29	现金支票	2011331		45,000.00		4,192,562.15
12	29	转账支票	4038		320.00		4,192,242.15
12	30	进账单		240		11,700.00	4,203,942.15
12	30	付税款			1,200.00		4,202,742.15
12	30	付税款			2,750.00		4,199,992.15
12	31	付税款			138.00		4,199,854.15
12	31	现金支票	2011332		1,000.00		4,198,854.15
12	31	进账单		479		3,000.00	4,201,854.15
12	31	转账支票	4039		1,170.00		4,200,684.15
12	31	结息单				181.00	4,200,862.15

图 10-15　银行对账单

2. 银行存款日记账调整后余额

银行存款日记账调整后余额 = 企业银行存款日记账调整前余额 + 银行已收而企业未收账项 - 银行已付而企业未付账项

3. 最后的相等

银行对账单存款余额 + 企业已收而银行未收账项 - 企业已付而银行未付账项
= 企业账面存款余额 + 银行已收而企业未收账项 - 银行已付而企业未付账项

银行存款余额调节表

开户银行：兴华服装有限责任公司　　　　账号：30080095762315338　　　2013 年 12 月 31 日

摘　要	入账日期 凭证号	金额 亿千百十万千百十元角分	摘　要	入账日期 凭证号	金额 亿千百十万千百十元角分
《银行存款日记账》余额		4 2 3 8 5 6 2 1 5	《银行对账单》余额		4 2 3 8 5 6 2 1 5
加:银行已收,企业未收;			加:企业已收,银行未收;		
1	00479	3 0 0 0 0 0	1	收1	9 5 0 0 0 0
2	结息单	1 8 1 0 0	2		
3			3		
4			4		
5			5		
6			6		
7			7		
减:银行已付,企业未付;			减:企业已付,银行未付;		
1	付税款	1 2 0 0 0 0	1	2011342	2 0 0 0 0 0
2	付税款	2 7 5 0 0 0	2		
3	付税款	1 3 8 0 0	3		
4	2011332	1 0 0 0 0 0	4		
5	004039	1 1 7 0 0 0	5		
6			6		
7			7		
8			8		
9			9		
10			10		
11			11		
12			12		
调节后余额		4 2 9 3 8 6 5 1 5	调节后余额		4 2 9 3 8 6 5 1 5

财会主管：　　　　　　　　　　　　　　　　　　制表：

图 10-16　编制后的银行存款余额调节表

银行存款余额调节表调节之后的存款余额才是真正企业可以动用的存款余额。银行存款余额调节表只是用来核对企业银行余额与银行对账单是否一致的凭据，不能用来调整账簿记录，要等取得银行回执才能进行账簿调整。如果调整后双方的余额不相等，则应先查自己的账簿是否登记有误，如果账簿没有错误，则需进一步和银行协商（如图 10 –16 所示）。

【案例分析】

出纳陈艳在进行银行存款日记账的对账工作时，发现银行存款日记账的账上余额与银行对账单上的余额不一致，除了检查是否有账记错误，还需要根据日记账的明细和对账单上的明细业务项目进行核对，确定是否存在未达账项，通过编制"银行存款余额调节表"来进行检查。

【模块知识小结】

本模块主要介绍了关于银行的主要业务，包括银行账户的有关知识、银行结算业务、银行存款日记账的登记、对账与结账等内容。在学习过程中，应注意掌握各种银行结算方式之间的区别和适用范围、使用方法，并在提高银行结算专业技能的过程中锻炼出纳的对外沟通能力。

模块四　其他业务

【学习目标】

1. 熟练掌握员工的工资发放；
2. 熟练掌握资金报表的编制；
3. 熟练掌握出纳的工作交接。

【案例导入】

> 公司半个月前来了一位新的员工刘敏，出纳陈艳在发放工资时，财务主管要求对刘敏采用现金方式发放。由于在发放工资时，陈艳未让新员工确认签名，之后刘敏找到财务经理投诉说出纳少付她的工资。
>
> 针对以上情形，出纳应该如果处理，在工资发放的过程中又应该注意哪些问题呢？

项目十一　工资发放业务

任务 11 −1　现金发放

【案例导入】

> 2013 年 10 月 15 日，兴华服装有限责任公司用现金发放员工 2013 年 9 月份工资。作为出纳，需要做哪些准备工作，工资又该如何发放？

工资发放是员工最期待的时刻，但对于出纳来说，却是既期待又紧张的时刻，因为需要做很多的工作，还要确保不能出现任何差错。

一、发放准备

每个公司工资发放的具体情况会有所差别。作为出纳，一定要清楚公司的工资发放时间、工资发放表需要哪些人审批签名、用何种形式发放工资等。

1. 确定时间和金额

工资发放时间和金额的确定如图 11 −1 所示。

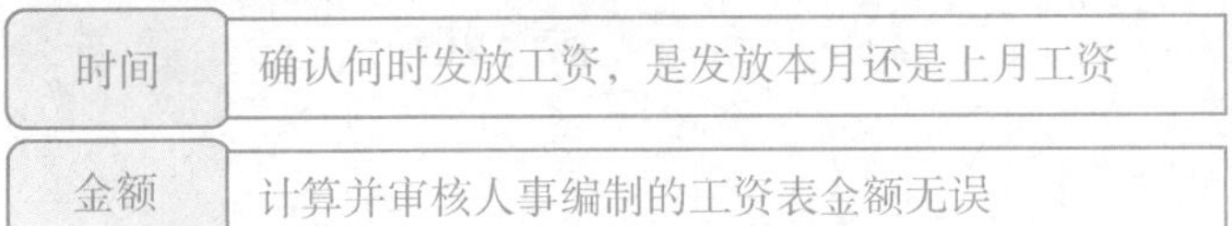

| 时间 | 确认何时发放工资，是发放本月还是上月工资 |
| 金额 | 计算并审核人事编制的工资表金额无误 |

图 11 −1　工资发放的时间和金额确定

2. 工资表及其审批手续

根据公司的相关规定，检查工资表（如图 11 - 2 所示）的完整性，包括数据的准确性，需要经过办公室（或人事部）、财务部等相关部门和领导的审批，出纳人员一定要做到认真、细致，确保无差错。

工资发放汇总表

编制单位：兴华服装有限责任公司

所属月份：2013年9月   发放日期：2013年10月15日

序号	部门	姓名	职务	应发工资				应扣款项			实发金额	签名
				基本工资	岗位工资	补贴	小计	社保	所得税	小计		
1	管理	张童	总经理	5000	3000	1000	9000.00	1710.00	274.00	1984.00	7016.00	
2	管理	王明	经理	4000	2000	800	6800.00	1292.00	95.80	1387.80	5412.20	
3	管理	姜华	助理	3000	1500	600	5100.00	969.00	18.90	987.90	4112.10	
4	财务	梁宽荣	主管	4000	2000	800	6800.00	1292.00	95.80	1387.80	5412.20	
5	财务	黄小青	会计	3000	1500	600	5100.00	969.00	18.90	987.90	4112.10	
6	财务	陈艳	出纳	3000	1500	600	5100.00	969.00	18.90	987.90	4112.10	
7	生产	赵康	主任	4000	2000	800	6800.00	1292.00	95.80	1387.80	5412.20	
8	生产	黄晓宇	主任	4000	2000	800	6800.00	1292.00	95.80	1387.80	5412.20	
9	生产	陆丽卿	员工	2800	1200	500	4500.00	855.00	4.30	859.30	3640.70	
10	生产	杨宏	员工	2800	1200	500	4500.00	855.00	4.30	859.30	3640.70	
11	销售	李军	经理	4000	2000	800	6800.00	1292.00	95.80	1387.80	5412.20	
12	销售	张鹏	业务员	1500	1500	3000	6000.00	1140.00	40.80	1180.80	4819.20	
13	销售	孙莉莉	业务员	1500	1500	3000	6000.00	1140.00	40.80	1180.80	4819.20	
14	采购	肖云	经理	4000	2000	800	6800.00	1292.00	95.80	1387.80	5412.20	
15	采购	张国庆	员工	2800	1200	500	4500.00	855.00	4.30	859.30	3640.70	
合计	人民币（大写）：柒万贰仟叁佰捌拾伍元叁角正									小写	72386.00	

图 11 - 2   工资发放汇总表

3. 提取现金

出纳应先到开户行支取现金以备工资发放（如图 11 - 3 所示），取现时，可要求银行准备零钞。并按照工资金额，提前把每人工资点清后，连同个人工资条一并装入信封袋。

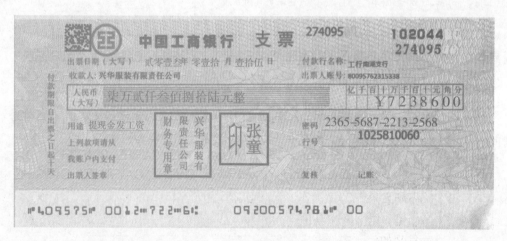

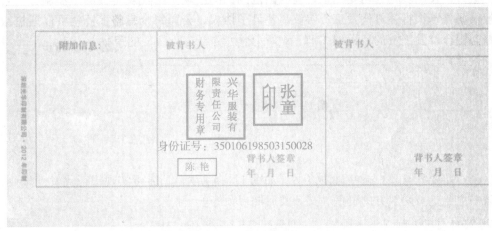

图 11 - 3　支票（取现）

二、发放过程注意事项

（1）提前以通知形式，指定不同部门员工在不同时间点领取工作，以避免集中，造成混乱；现场应逐个人员发放，未叫到的人员在办公室外面等候。

（2）要求领款人在工资表上签名确定（有些企业需要员工在签字的同时写上身份证号码）。

（3）发放工资时，出纳与领款人应在现场确认钞票真伪，确认无误后出纳应当告知领款人若离开后发现假钞不予退回。

三、工资发放后的整理

工资发放完毕，出纳应在已经由员工签名的工资表上加盖"现金付讫"章，同时将工资表交给会计做账。

【案例分析】

采用现金发放工资时，由于没有其他的记录存在，所以出纳一定要在发放工资时，现场要求领款人员签名确认，以作为依据。除此之外，还需注意提取现金时各种面值币种的配备，以避免发放时要员工找零而出现差错。

任务 11 -2　银行存款发放

【案例导入】

随着公司的不断发展，公司人员不断增加，并分布在不同的地区工作，工资发放数量也越来越大，于是，财务主管决定办理银行代发工资业务。那么，银行代发工资的业务如何办理，每月又如何与银行对接呢？

银行代发工资是公司委托银行向全国范围内的公司员工代发工资的一项服务。公司一般需要先与银行签订代发工资协议。签订了协议，公司每个月的工资就可以通过银行转账。银行代发工资的流程如图11-4所示。

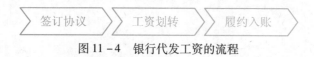

图11-4 银行代发工资的流程

一、签订协议

公司需要先与开户行签订协议书（如图11-5所示），方可实现银行代发工资业务。协议书主要是声明双方的责任、义务及后期事项等。

图11-5 代发工资协议书

二、工资划转

一般情况下，公司会在银行开立一个专门用于发放工资的账户。工资发放时，出纳应按照代发工资协议书约定的时间将代发工资资金足额划转到开户行指定账户，并向开户行提供代发工资明细表、转账支票及进账单。

1. 代发工资清单

代发工资清单应涵盖人员的姓名、账号、工资情况等事项（如图11-6所示）。

工资明细清单的提交方式，不同银行要求有所不同。有些银行要求提交纸质的工资清单，有些银行还要求按照银行发放的软件格式来导入工资清单。具体按开户银行要求来操作。

工资明细表

日期	序号	姓名	账号	所属部门	基本工资	岗位工资	补贴	社保	所得税	实发工资
2013年10月	1	张童	管理	总经理	5000	3000	1000	1710.00	274.00	7016.00
2013年10月	2	王明	管理	经理	4000	2000	800	1292.00	95.80	5412.20
2013年10月	3	姜华	管理	助理	3000	1500	600	969.00	18.90	4112.10
2013年10月	4	梁宽荣	财务	主管	4000	2000	800	1292.00	95.80	5412.20
2013年10月	5	黄小青	财务	会计	3000	1500	600	969.00	18.90	4112.10
2013年10月	6	陈艳	财务	出纳	3000	1500	600	969.00	18.90	4112.10
2013年10月	7	赵康	生产	主任	4000	2000	800	1292.00	95.80	5412.20
2013年10月	8	黄晓宇	生产	主任	4000	2000	800	1292.00	95.80	5412.20
2013年10月	9	陆丽娜	生产	员工	2800	1200	500	855.00	4.30	3640.70
2013年10月	10	杨宏	生产	员工	2800	1200	500	855.00	4.30	3640.70
2013年10月	11	李军	销售	经理	4000	2000	800	1292.00	95.80	5412.20
2013年10月	12	张鹏	销售	业务员	1500	1500	3000	1140.00	40.80	4819.20
2013年10月	13	孙莉莉	销售	业务员	1500	1500	3000	1140.00	40.80	4819.20
2013年10月	14	肖云	采购	经理	4000	2000	800	1292.00	95.80	5412.20
2013年10月	15	张国庆	采购	员工	2800	1200	500	855.00	4.30	3640.70

图 11-6 代发工资清单

2. 转账支票及进账单

委托银行代发工资时，出纳应在发放日前开具转账支票，将工资从基本存款账户转出至代发工资专用户（如图 11-7 所示），收款人写本公司全称，用途写发放工资，同时需在转账支票上加盖银行预留印鉴。

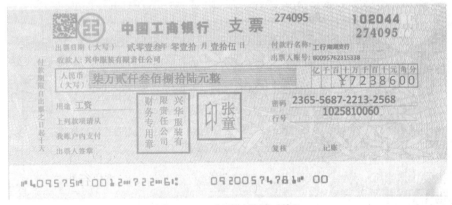

图 11-7 支票（发放工资）

开具好转账支票后，出纳还需要填写一式三联的进账单（如图 11-8 所示），进账单的收款人为本公司全称，账号为银行建立的代发工资专用户账号。银行办理工资划转后，会将进账单回单联交回给企业。

图 11-8　进账单

三、履约入账

开户银行按照代发工资协议约定的时间和事项，以及出纳提供的代发工资清单，按时将应发给员工的工资足额转入每位员工的储蓄账户，并收取一定的手续费。银行会出具一张收费凭证，证明所收取的手续费（如图 11-9 所示）。

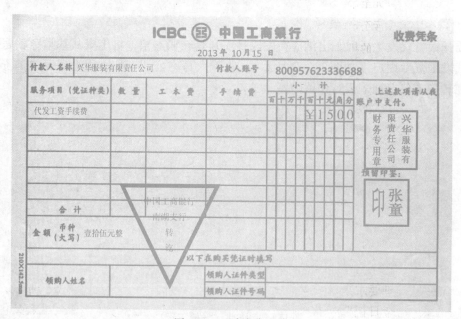

图 11-9　手续费回单

【案例分析】

通过银行代发工资，减少了出纳取现、发现的工作量，越来越多的企业采用这种方式来发放工资。这种方式发放工资，不需要员工前来签名确认，但必须及时将工资发放明细通知员工。

【知识链接】

工资、薪金所得是指个人因任职或受雇而取得的工资、薪金、奖金、年终加薪、劳动分红、津贴、补贴以及与任职、受雇有关的其他所得。

工资薪金以每月收入额减除费用扣去标准后的余额为应纳税所得额（从 2011 年 9 月 1 日起，起征点为 3500 元）。适用七级超额累进税率（3% 至 45%）计缴个人所得税。

"三险一金"是指社会保险费、医疗保险费、养老保险费和住房公积金。

计算公式：

工资、薪金所得个人所得税应纳税额 = 应纳税所得额 × 适用税率 - 速算扣除数

级数	含税级差	不含税级差	税率（%）	速算扣除数
1	不超过 1500 元的	不超过 1455 元的	3	0
2	超过 1500 元至 4500 元的部分	超过 1455 元至 4155 元的部分	10	105
3	超过 4500 元至 9000 元的部分	超过 4155 元至 7755 元的部分	20	555
4	超过 9000 元至 35000 元的部分	超过 7755 元至 27255 元的部分	25	1005
5	超过 35000 元至 55000 元的部分	超过 27255 元至 41255 元的部分	30	2755
6	超过 55000 元至 80000 元的部分	超过 41255 元至 57505 元的部分	35	5505
7	超过 80000 元的部分	超过 57505 元的部分	45	13505

注：①表中所列含税级差、不含税级差，均为按照税法规定减除有关费用后的所得额。②含税级差适用于由纳税人负担税款的工资、薪金所得；不含税级距适用于由他人（单位）代付税款的工资、薪金所得。

例：王某当月取得工资收入 9400 元，当月个人承担住房公积金、基本养老保险金、医疗保险金、失业保险金共计 1000 元，费用扣除额为 3500 元，则王某当月应纳税所得额 = 9400 - 1000 - 3500 = 4900 元。应纳个人所得税税额 = 4900 × 20% - 555 = 425 元。

项目十二　编制资金报表

【案例导入】

月初，总经理要求出纳给一份资金报表，以了解现在企业的资金情况。那么，出纳平时除了登记现金日记账和银行存款日记账，还需要编制资金报表。资金报表又包括哪些内容呢？

资金报表，也称为货币资金变动情况表，是反映企业在一段时间内包含现金、银行存款等形式下所有资金收付的总体情况；它可以为公司的资金预算，提高资金整体效益提供参考。出纳人员除了每天登记收支流水账目外，每月的月末还需要总结当月的工作

成果及企业资金情况，资金报表便是其中之一。因此，编制并提供资金报表是出纳工作中必不可少的一项重要内容。

任务 12-1　了解资金报表

一、编制资金报表的意义

资金报表最大的作用在于反映企业在一段时间内现金及银行存款的整体收付情况，并以此向企业的管理层提供整体的资金信息，是企业管理活动中必不可少的一份报表。相对于记流水账式的银行存款日记账和现金日记账，资金报表所反映的企业资金信息既直观又简洁。

二、资金报表的结构

资金报表（如图 12-1 所示）反映的是企业资金的收、支、结余等情况。一般由表头、表身和表尾等部分组成。表头部分应列明报表名称、编制单位名称和编制日期；表身主要是由横列的"资金来源"和纵列的"收支项目"组成；表尾是"审批栏"。其中，"资金来源"主要包括现金和银行存款项目，收支项目包括上期结余数、本期收入项目、本期支出项目和本期资金结余数。

资金报表的格式也可根据公司或使用者的不同需求进行设计，以保证满足资金管理和数据分析所需。

资金报表

企业：　　　　　　　　　　　期间：　　　　　　　　日期：

收支项目＼资金来源	资金使用合计	工行南湖支行	库存现金	备注
上月结余数				
收入项目				
销售收入款				
个人偿还借款				
银行贷款				
其他收入				
本月收入合计				
支出项目				
支付原料货款				
支付工资				
支付其他日常费用				
偿还贷款				
其他支出				
本月支出合计				
本期资金结余				

制表人：　　　　　　　　　　　复核人：

图 12-1　资金报表

任务12 -2 资金报表的编制

一、编制方法

资金报表分别记录资金项目的收入、支出和结余情况。计算公式为：

本期资金结余 = 上期结余数 + 本期收入合计 - 本期支出合计

其中，本期收入合计等于现金、银行存款项目的增加，本期支出合计等于现金、银行存款的减少。

一般来说，资金报表分为现金和银行两部分，主要包括收入、支出和余额这三个项目。现金部分体现在现金日记账（如图12 -2 所示）上，银行部分体现在银行存款日记账（如图12 -3 所示）上。

现 金 日 记 账

2013年		凭证编码		摘要	收入（借方）金额									付出（贷方）金额									借或贷	结 存 金 额								
月	日	字	号	支票号		千	百	十	万	千	百	十	元	角	分	千	百	十	万	千	百	十	元	角	分		千	百	十	万	千	百	十	元	角	分
10	22				承前页			1	1	6	2	3	0	0				1	2	3	2	0	0	0		①		1	2	1	5	0	0	0
10	23				张鹏报销交通车费															1	2	0	0	0				1	2	0	3	0	0	0
10	23	②			孙莉莉来货款					2	0	0	0	0														1	4	0	3	0	0	0
10	23				收到张国庆前欠款					1	0	0	0	0														1	5	0	3	0	0	0
10	23				李军报销差旅费															1	5	0	0	0				1	3	5	3	0	0	0

图12 -2　现金日记账

银 行 存 款 日 记 账

开户行名称：工商南湖支行

2013年		凭证编码		结算方式		摘要	收入（借方）金额										付出（贷方）金额										借或贷	结 存 金 额									
月	日	字	号	类	号码		千	百	十	万	千	百	十	元	角	分	千	百	十	万	千	百	十	元	角	分		千	百	十	万	千	百	十	元	角	分
10	20					承前页		6	8	6	0	0	0	0	0				5	3	2	0	0	0	0		①		9	8	5	0	0	0	0
10	22					支付差旅费															2	0	0	0	0				9	8	3	0	0	0	0
10	22					购买原材料															8	2	0	0	0				9	0	1	0	0	0	0
10	23					收到货款			1	3	0	0	0	0	0													1	0	3	1	0	0	0	0
10	23	②				支付原材料货款															2	1	0	0	0				1	0	1	0	0	0	0
10	23					收货款			8	6	0	0	0	0	0													1	0	9	6	0	0	0	0
10	24					购买原材料															6	3	0	0	0				1	0	3	3	0	0	0	0

图12 -3　银行存款日记账

以编制2013 年10 月23 日的日资金报表为例，编制方法如下。

1. 填列上期结余数

（1）库存现金的上期结余，体现在现金日记账（如图12 -2 所示）上面的第①部分；

（2）银行存款的上期结余，体现在银行存款日记账（如图12 -3 所示）上面的第①部分。

2. 根据日记账借方，填列收入项目

（1）现金日记账（如图 12-2 所示）上面第②部分的"孙莉莉交来货款"和"收到张国庆前欠款"，记录到资金报表的"销售收入款"和"个人偿还借款"里面。

（2）银行存款日记账（如图 12-3 所示）上面第②部分的"收到货款"和"收货款"，记录到资金报表"销售收入款"里面。

3. 根据日记账贷方，填列支出项目

（1）现金日记账（如图 12-2 所示）上面第②部分的"张鹏报销交通车费"和"李军报销差旅费"两笔合起来的金额，记录到资金报表的"其他支出"里面。

（2）银行存款日记账（如图 12-3 所示）上面第②部分的"支付原材料货款"，记录到资金报表的"支付原料货款"里面。

4. 计算、填写资金使用合计

资金使用合计是累计库存现金和银行存款所有金额的合计数。

计算、填写本期资金结余：

本期资金结余 = 上期结余数 + 本期收入的合计数 - 本期支出的合计数

编制后的资金报表如图 12-4 所示。

资金报表

企业：兴华服装有限责任公司　　　　期间：2013.10.23　　　　日期：2013年10月24日

收支项目＼资金来源	资金使用合计	工行南湖支行	库存现金	备注
上月结余数	913150.00	901000.00	12150.00	
收入项目				
销售收入款	218000.00	216000.00	2000.00	
个人偿还借款	1000.00		1000.00	
银行贷款				
其他收入				
本月收入合计	219000.00	216000.00	3000.00	
支出项目				
支付原料货款	21000.00	21000.00		
支付工资				
支付其他日常费用				
偿还贷款				
其他支出	1620.00		1620.00	
本月支出合计	22620.00	21000.00	1620.00	
本期资金结余	1109530.00	1096000.00	13530.00	

制表人：陈艳　　　　　　　　复核人：黄小青

图 12-4　资金报表

二、检验资金报表的正确性

检验资金报表正确与否的方法是：将库存现金收入合计数与同一时段的现金日记账借方合计数比较，将库存现金支出合计数与同一时段的现金日记账贷方合计数比较，将期末余额与同一时段现金日记账的余额比较，同时将现金余额与实际比较；现金比较完成后，还需将银行存款合计数与银行存款日记账比较，其操作方法与现金一样。

【案例分析】

出纳需要按企业的实际需要，定期编制"资金报表"，以及时反映企业的资金状况，为企业的领导和相关管理人员提供有效数据。

项目十三　出纳工作交接

【案例导入】

出纳陈艳因工作调动，财务部决定将其工作交给新来的高芬接管。由于高芬是刚刚毕业的学生，从未做过出纳工作交接而向陈艳请教。出纳的工作交接需要注意什么问题？出纳工作交接包括哪些内容？

一、出纳工作交接的认识

1. 出纳工作交接的概念

出纳工作交接是指企业的出纳因离职、调动、长时间请假等不能在原出纳岗位工作时，由原出纳将有关的工作和资料票证交给新任出纳的过程。出纳工作交接要按照会计人员交接的要求进行，在调职或者离职时与接管人员办清交接手续是出纳应尽的职责。做好交接工作可以使出纳工作前后衔接，防止账目不清、财务混乱。没有办理工作交接手续的出纳，不得调动或离职。

为了明确责任，出纳人员办理工作交接时，必须有专人负责监交。通过监交，保证双方都按有关规定认真办理交接手续，防止流于形式，保证出纳工作不因人员变动而受影响。

2. 出纳工作移交清册表样式

出纳工作移交清册表如图 13 – 1 所示。

二、出纳工作交接的程序

1. 交接前的准备工作

为了顺利做好交接工作，出纳人员在办理工作交接前，必须做好以下准备工作：

（1）已经受理的经济业务，将尚未登记账簿的收、付款凭证，全部登记入账，并在最后一笔余额后加盖个人私章。

出纳工作移交清册表

公司：　　　　　　　　　　　　　　　　　　　　年　月　日

一、资料移交

移交项目	数量	备　注
1、日记账		
2、空白支票		
3、财务证章		
4、收款收据		
5、支票使用登记簿		
6、结算业务申请书		
7、印鉴及印章		
8、		
9、		
10、		
11、		

二、经济事项移交

项目	账面余额	实际金额	金　额　大　写
1、库存现金			
2、银行存款			
代收款专用户			
***银行			
***银行			
***银行			

三、信息系统权限交接

交接内容	其他说明

四、其他事项：

移交人：	接交人：	监交人：
年　月　日	年　月　日	年　月　日

说明：工作移交不清楚或有遗留问题的，相关人员不得签字。本工作交接表一式三份，双方各执一份，存档一份。

图 13-1　出纳工作移交清册表

（2）现金账面余额与实际库存现金核对一致；银行存款账面余额与银行对账单核对一致。

（3）在现金日记账、银行存款日记账启用及移交表上填写移交日期，并另盖个人私章。

（4）整理应移交的各种资料，对未了事项做出书面说明。

（5）编制出纳工作移交清册表（如图 13 - 2 所示），列明应移交的资料。

出纳工作移交清册表

公司：兴华服装有限责　　　　　　　　　　　　2013 年 12 月 20 日

一、资料移交		
移交项目	数量	备　注
1、日记账	贰本	现金日记账、银行存款日记账
2、空白支票	玖张	10204430；27309221-27309229
3、财务证章	叁枚	现金收讫、现金付讫、作废
4、收款收据	贰本	
5、支票使用登记簿	壹本	
6、结算业务申请书	陆张	06223260-06223265
7、		
8、		
9、		
10、		
11、		

二、经济事项移交			
项目	账面余额	实际金额	金 额 大 写
1、库存现金	6,325.00		
2、银行存款	952,210.03		
代收款专用户			
工行银行：80095762315338	952,210.03		
***银行			
***银行			

三、信息系统权限交接	
交接内容	其他说明
用友软件（出纳） 用户名：008（密码面交）	

四、其他事项：

移交人：	接交人：	监交人：
年　　月　　日	年　　月　　日	年　　月　　日

说明：工作移交不清楚或有遗留问题的，相关人员不得签字。本工作交接表一式三份，双方各执一份，存档一份。

图 13 - 2　编制好的出纳工作移交清册表

2. 正式交接的阶段

移交人员离职前，必须将本人经营的出纳工作，在规定的期限内，全部向接管人员移交清楚。接管人员应认真按照移交清册逐项点收。具体要求如下：

（1）现金要和会计账簿记录余额进行当面点交，不得短缺；接替人员发现不一致或"白条抵库"现象时，移交人员在规定期限内负责查清处理。

（2）有价证券的数量要与会计账簿记录一致，有价证券面额与发行价不一致时，按会计账簿余额交接。

（3）会计凭证、会计账簿、资金报表和其他会计资料必须完整无缺，不得遗漏。如有短缺，必须查清原因，并在移交册中加以说明，由移交人负责。

（4）银行存款账户余额要与银行对账单核对相等，如有未达账项，应编制银行存款余额调节表调节；各种财产物资和债权债务的明细账户余额，要与总账有关账户的余额核对相符；对重要实物要实地盘点，对余额较大的往来账户要与往来单位、个人核对。

（5）公章、收据、空白支票、发票、科目印章以及其他物品等必须交接清楚。

（6）实行会计电算化的单位，交接双方应在电子计算机上对有关数据进行实际操作，确认有关数字正确无误后方可。

3. 交接后有关事宜

（1）出纳工作交接完毕，交接双方和监交人在移交清册上签名或盖章，并应在移交清册上注明单位名称、交接日期等内容。

（2）接管人员应继续使用移交前的账簿，不得擅自另立账簿，以证明会计记录前后衔接，内容完整。

（3）出纳工作移交清册表（如图13-3所示）一般应填制一式三份，交接双方各执一份，存档一份。

（4）为了安全起见，新出纳要重新设备保险柜的密码、系统的密码和银行密码器的密码。

【案例分析】

因为出纳负责的是管理企业的所有资金，其重要性是不容置疑的，因此，在工作移交的过程中一定要十分地谨慎。包括移交前的准备和安排，移交过程中的监交人，等等，都有严格的要求。

【知识链接】

《会计基础工作规范》第三十五条规定：移交人员对移交的会计凭证、会计账簿、会计报表和其他会计资料的合法性、真实性承担法律责任。这是对会计工作交接后，交接双方责任的具体确定。移交人员所移交的会计资料是在其经办会计工作期间内所发生的，应当对这些会计资料的合法性、真实性负责，即便接替人员在交接时因疏忽没有发现所接会计资料在合法性、真实性方面的问题，如事后发现，仍应由原移交人员负责，原移交人员不应以会计资料已移交而推脱责任。

《会计法》第四十一条规定：会计人员调动工作或离职，必须与接管人员办清交接手续。一般会计人员办理交接手续由会计机构负责人（会计主管人员）监交；会计机构负责人（会计主管人员）办理交接手续，由单位负责人监交，必要时主管单位可以派人会同监交。出纳人员的交接也要按会计法规定进行，出纳人员在调动工作或者是离职时，要与接管人员办理交接手续，这是出纳人员对工作应尽的职责，也是分清移交人员和接管人员责任的重要措施。办好交接工作，可使会计工作前后衔接，保证会计工作的顺利进行，也可以防止账目不清，财务混乱，给不法分子造成可乘之机。

出纳工作移交清册表

公司：兴华服装有限责　　　　　　　　　　　　　　2013 年 12 月 20 日

一、资料移交		
移交项目	数量	备　注
1、日记账	贰本	现金日记账、银行存款日记账
2、空白支票	玖张	10204430；27309221-27309229
3、财务证章	叁枚	现金收讫、现金付讫、作废
4、收款收据	贰本	
5、支票使用登记簿	壹本	
6、结算业务申请书	陆张	06223260-06223265
7、		
8、		
9、		
10、		
11、		

二、经济事项移交			
项目	账面余额	实际金额	金 额 大 写
1、库存现金	6,325.00		
2、银行存款	952,210.03		
代收款专用户			
工行银行：80095762315338	952,210.03		
***银行			
***银行			

三、信息系统权限交接	
交接内容	其他说明
用友软件（出纳）	
用户名：008（密码面交）	

四、其他事项：

移交人：	接交人：	监交人：
陈艳	高芬	梁宽荣
2013 年 11 月 20 日	2013 年 11 月 20 日	2013 年 11 月 20 日

说明：工作移交不清楚或有遗留问题时，相关人员不得签字。本工作交接表一式三份，双方各执一份，存档一份。

图 13 - 3　出纳工作移交清册表（已移交签名）

【模块知识小结】

本模块主要介绍了工资发放、资金报表的编制和出纳工作交接等出纳开展的其他工作。这几项工作有的需要和其他部门或个人协调开展，有的需要直接对财务主管负责。所以，完成这几项工作的过程，能培养出纳细心的工作作风和协调沟通能力。